KB068298

코로나 이후,
대한민국
부동산

일러두기

이 책은 작가의 독자적인 창작물이며 신뢰할 만한 자료 및 정보를 토대로 작성되었으나, 투자 시점 및 환경에 따라 결과가 달라질 수 있습니다. 투자 관련한 전적인 책임은 투자자 본인에게 있으며, 어떠한 경우에도 본책에 수록된 내용이 투자 결과에 대한 법적 책임 소재의 증빙 자료가 될 수 없습니다.

코로나 이후, 대한민국 부동산

김원철(부동산 김사부) 지음

RHK
알엔이치코리아

최후 승자는 누가 될 것인가

　본격적으로 책을 시작하기 전, 독자들에게 당부하고 싶은 말이 있다. 이 책은 '코로나19(이후 코로나)'라는 초유의 사태를 맞이한 인류와 그 이후의 삶, 또 부동산 시장에 도래할 변화를 개괄적으로 다룬 미래예측서가 아니다. 대놓고 "그래서 어디가 돈이 되는데?"라고 묻고 싶은 이들에게 해줄 만한 답을 담았다. 다소 '수준 낮은 목적(?)'에 부합하려고 쓴 책이지만, 그렇다고 부동산의 단기적인 가격 상승이나 단기적 이익 추구를 위해 이 책을 활용하려고 해서는 안 된다는 것을 먼저 이야기하고 싶다.

　왜냐하면 단기적인 부동산 가격 상승은 그 지역 물량의 영향을 받고, 사람들의 심리 그리고 지금으로서는 정책의 영향을 많이 받고 있기 때문이다. 따라서 당장의 이익을 원한다면, '현시점 부동산 시장의 움직임과 정책'을 분석해 주는 강의를 듣는 편이 더 낫다.

이 책은 좀 더 중·장기적인 안목으로 부동산 시장의 변화를 예측하는 책이다. 그렇다면 다소 시시한 것 아닌가 싶겠지만, 전혀 그렇지 않다. 생각해 보라. 서울 강남의 개발은 지금으로부터 50년 전에 시작되었다. 그리고 개발 당시부터 투기 열풍이 불었다. 이 같은 투기 열풍 속에서 단기간에 큰 수익을 낸 사람들이 굉장히 많았다. 그러나 진정한 승자는 누구인가? 그렇다. 강남의 아파트를 계속 갖고 있었던 사람이다.

강남의 아파트를 오래 보유하고 있던 사람들은 어떻게 승자가 되었을까? 그저 장기적인 투자가 우리에게 큰 부를 갖다주는 건 아니다. 그렇다면 왜? 그건 바로, '강남'이라는 곳이 부동산 시장에서 가장 '성장성'이 큰 대상이었기 때문이다. 바로 그 성장성, 그 성장성에 투자한 사람은 당시 정보를 빨리 알아서 오르려고 할 때 사고 내리려고 할 때 팔아서 큰 이익을 남긴 사람들과는 비교도 안 될 정도로 큰 수익을 냈다. 이 같은 '장기적인 성장성'은 우리의 자산 형성에 이토록 큰 의미를 갖는다.

많은 사람이 알고 있는 것처럼, 40년 전에는 강북의 단독주택을 팔면 강남의 아파트 2채를 살 수 있었다. 30년 전에는 강북의 아파트를 팔면 강남의 아파트를 사고도 몇천만 원이 남았다. 20년 전에는 강북의 아파트를 팔면 강남의 아파트를 살 수 있었다. 그런데 10년 전부터는 강북의 아파트를 팔면 강남의 아파트를 살 수 없게 되었고, 지금은 강북의 아파트를 팔아도 강남의 아파트에 전세로도 거주할 수 없게 되었다.

그렇다면, 강남은 왜 이렇게 성장한 것일까? 사실 지금까지 나는 그 이유에 관해서 부동산적인 측면에서 제대로 대답하는 사람을 단 한 명도 보지 못했다. 답변이라고 해봐야 정부가 대규모 개발을 했고, 강제로 학군을 이전시켰고, 투기수요가 몰리면서 가격을 올렸다 정도다.

과연 그럴까? 그건 강남 부동산 가격이 오른 이유에 관해 정치적 측면만 살펴본 것이다. 경제적 측면을 살펴보면, 전혀 그렇지 않다. 강남이 우리나라를 대표하는 지역이 된 가장 큰 이유는, 강남이 '평지'였기 때문이다. 그리고 그 평지가 서울 전체로 봤을 때 매우 희소했다는 것이 주요한 이유다. 물론, 그 상황에서 한국 경제의 놀라운 발전이 기폭제가 된 것은 말할 필요도 없다. 경제력이 올라가면서부터 사람들은 '좀 더 쾌적한 지역'을 찾게 되었고, 그러한 쾌적한 조건을 완비한 곳이 바로 강남이었다. 또 이후에는 강남 같은 곳을 만들고 싶어도 만들 수 없는 희소성이 강남을 더욱 가치 높은 지역으로 만든 것이다.

이런 사례를 통해, 우리는 매우 분명한 사실 1가지를 알 수 있다. 장기적인 트렌드, 장기적으로 성장성이 큰 곳에 우리의 자산을 배치하는 것이 대단히 중요하다는 사실이다. 실제로 우리는 종종 주변에서, 오래전에 구입한 부동산이 강남인지 강북인지에 따라 인생이 달라진 사례를 보곤 한다. 이 같은 일이 미래에는 일어나지 않을까? 그렇지 않다. 미래에도 또다시 벌어질 것이다. 어디에 베팅하느냐에 따라 우리의 자산은 매우 다른 결과를 만들어낼 것이다.

과거와 다시 한번 비교해 보자. 과거부터 강남을 가지고 있던 이가 최종 승자가 되었고, 그 이유가 대규모 개발과 쾌적한 환경, 평지, 학군, 경제 성장이었다면, 곧 다가올 미래는 어떤가? 먼저 우리 인류의 삶 전체를 흔들어 놓은 코로나가 있다. 이미 많은 사람이 예견하듯, 이제는 코로나 이전의 삶으로 돌아가지 못하게 되었다. 혹시 아직까지도 백신 같은 것이 개발되면 코로나가 없던 시절로 돌아갈 수 있을 거라고 생각하는 사람이 있다면, 생각을 바꾸는 것이 좋을 것이다. 물론 백신 등이 개발되면 예전처럼 평온한 일상은 다시 찾을 것으로 본다. 그러나 그렇다고 하더라도, 코로나가 바꾼 세상은 예전과 크게 다를 거란 건 분명하다. 아이러니하게도, 코로나가 오히려 우리에게 '편리함'과 '효율성'을 안겨주었기 때문이다.

어쩔 수 없이 재택근무를 시작했는데, 하다 보니 그게 편해졌다. 물론, 여기에는 기술의 발달이 중요한 역할을 했다. 어렵고 불편할 줄만 알았던 재택근무가 기술의 발달로 오히려 편한 일이 된 것이다. 비대면 지침을 지키기 위해 직원을 줄이고 셀프 계산대와 챗봇 등을 사용했는데, 이런 것이 기업의 비용을 확 줄여 버렸다. 직원을 다시 채용할 일이 없어진 것이다. 사람이 많이 모이는 식당에 갈 수 없어서 음식을 배달시켜 먹었는데, 이 배달 음식이 밖에서 먹는 것보다 더 맛있어진 것이다. 게다가 예전에는 온갖 맛집을 찾아 돌아다녀야 했는데, 굳이 돌아다니지 않아도 맛집이 주는 즐거움을 쉽게 체험할 수 있게 되었다. 포장기법과 배달 기술, 배달 앱 등이 개발되고 발전하면서 생긴 일이다.

바로 이러한 이유로, 코로나 이전의 삶으로는 돌아가지 못한다. 아니, 돌아가지 않게 될 것이다. 코로나는 어차피 우리에게 도래할 미래를 보다 앞당긴 역할을 한 셈이다. 그렇다면, 부동산 시장은 어떻게 변할 것인가? 코로나가 우리의 일상을 이렇게나 바꿨는데, 부동산이 변하지 않을 리 없다. 게다가 인구구조와 부동산 구매 세력, 선호도까지 모두 바뀔 것이다. 그렇다면 당연히 이미 우리 곁에 성큼 다가왔고 향후 20년을 주도하게 될 '방향'에 관해 우리는 민감해져야 한다.

이 책에서는 앞으로 주목받게 될 부동산과 반대로 외면받게 될 것들을 다루었다. 또한 향후 그 가치가 점점 높아질 대상과 낮아질 것을 이야기할 것이다. 우리 모두가 잘 알듯 부동산은 한 번 매수하면, 쉽게 바꾸기 어렵다. 그래서 많은 이에게 있어 부동산 거래는 평생 몇 번 되지 않는 경우가 많다. 향후 가치가 점점 높아질 대상을 고르는 일이 매우 중요한 이유다. 자칫 이러지도 못하고 저러지도 못하는 상황에 처할 수 있으니 말이다. 대다수의 사람은 다음과 같이 말하는 사람들을 본 적이 있을 것이다.

"○○ 부동산을 10년 전에 샀는데, 가격이 하나도 오르지 않았어. 그때 그걸 괜히 사서…"
"×× 부동산을 가지고 있는데, 도대체 팔리지가 않네. 물어보는 사람도 하나 없어. 어떻게 해야 하지?"
"□□ 부동산을 살까 △△ 부동산을 살까 고민하다가 △△를 샀는데, 지금 □□ 부동산이 △△ 부동산에 비해 4배나 올랐어. 그때 잘 샀어야 했는데."

이것이 바로 부동산이다. 부동산 투자란 우리 주변에 널린 그저 흔한 재화를 사는 것이 아니다. 순간의 선택으로 10년이 좌우되는 것이 가전제품이라면, 순간의 선택으로 인생이 좌우되는 것이 부동산이다. 그러니 부동산의 미래에 관해서라면 대단히 민감하게 관심을 가져야 하는 것이다.

정리해 보자. 지금은 코로나로 인해서 다가올 미래가 더 빠르게 다가온 상황이 되었다. 이로 인해 대한민국 부동산은 매우 큰 변화를 겪게 될 것이다. 매우 큰 변화란 단기적으로 가격이 오르고 내리는 것이 아니라, 장기적으로 높은 성장을 하느냐 마느냐의 문제다. 미래의 '강남'은 또다시 나타난다. 그것을 잡느냐 마느냐는 당신의 노력에 달렸다. 부동산 투자를 통해 경제적 자유를 얻고 싶다면, 과거의 강남은 잡지 못했어도 미래의 강남을 잡으려는 노력은 해야 하지 않을까?

감사의 글

나는 2007년《부동산 투자의 정석》이란 책을 처음 출간하고, 거의 10년 만인 2016년에 같은 제목의 최신 개정판을 재출간했다. 그런데 2007년판《부동산 투자의 정석》이 발간 당시보다 오히려 시간이 점점 지나면서 더 많은 화제를 낳았다. 왜 그런가 알아보니, 당시에 내가 책에 소개한 투자기법이 대단히 쇼킹한 것이라 그때만 해도 '현실 가능성' 여부에 대해 많은 이가 의문을 품었다고 했다. 그런데 그 후 이 투자기법을 속는 셈 치고 따라 해본 사람들이 정말 놀라운 결과를 얻은 것이다! 이에 각종 투자 성공 사례가 쏟아져 나왔고, 수많은 사람이 내가 책에 담은 기법을 도용해 책을 쓰면서 유사한 책들이 시중에 많이 출시됐다.

사실 저작권은 엄중히 따져야 할 사안인데, 당시 나는 외국과 한국을 오가며 유유자적 살고 있던 시절이라 그다지 신경을 쓰지 않았다. 또 그때는 어찌 됐든 그런 기법들이 많이 알려져 보다 많은 이가 좀 더 풍성한 삶을 살게 된다면 그것으로도 족하다는 매우 '선한 마음'을 가졌다.

그것까지는 좋은데, 문제는 막상 내가 2016년에 최신 개정한 《부동산 투자의 정석》을 내놓자 오히려 내가 아류로 취급되는 이상한 현상이 발생했다는 것이다. 게다가 '갭투자' 열풍이 일어나면서 이것이 내가 주장한 투자 기법과는 다른 것임에도 불구하고, 마치 내가 갭투자를 부추긴 사람처럼 지목받는 황당한 상황까지 발생했다. 이는 다소 불쾌했다. 그래서 당시에는 대단히 혼란스러웠다. 그동안 내 책의 아이디어를 도용한 저자들을 대상으로 '저작권 침해'에 대한 손해배상을 청구해야 하나 어쩌나, 하면서 말이다.

다행히 그 모든 혼란도 머잖아 잠잠해졌다. 나의 회원들의 열렬한 지지 덕분이었다. 나는 그다지 대중적인 사람은 아니었지만(다른 유명 부동산 전문가들에 비해), 나의 진심과 내가 추구하는 삶의 방향, 내가 생각하는 올바른 투자관 등을 잘 이해하고 알아주는 회원들이 상당히 늘었고, 그들이 나를 믿고 계속해서 지지해 준 것이다. 그래서 '그거면 됐다'라는 생각을 갖게 되었다.

'사위지기자사士爲知己者死'란 말이 있다. 선비는 자신을 알아주는 사람을 위해 목숨을 바친다는 뜻이다. 지금 내게는 나를 알아주는 사람이 이렇게나 많아졌다. 비록 유명세는 떨어질지 모르지만, 나를 진심으로 알아주고, 존경하고, 대접해 주고, 좋아해 주는 회원들이 상당히 많아졌다. 바로 그들 때문에 나는 또 책을 쓸 수 있게 되었다. 그들이 내게 보내준 끝없는 감사와 진심 어린 애정이 내게 다가오는 수많은 유혹에서 나를 지켜주는 버팀목 역할을 했다. 유혹이라고? 그렇다. 부동산 전문가로 일하다 보면 수많은 유혹이 따른다. 무슨 유혹이겠는가, 당연히 돈을 크게 벌 수 있는 여러 가지 방법이다. 그리고 더욱 유명해질 수 있는 여러 가지 기회들이다.

그런데 그렇게 하지 않기로 했다. 사람들이 내게 보내는 애정과 감사의 마음이 너무 커서 돈이나 유명세와 바꾸고 싶은 마음이 전혀 없기 때문이다. 나를 다시 이 자리에 있게 해준 나의 회원들에게 이 자리를 빌려 다시 한번 감사의 인사를 전한다. 그리고 평생 초심을 잃지 않고, 돈에 굴하지 않고, 유혹에 빠지지 않고, '참 좋은 컨설턴트'로 끝까지 남겠다고 또 한번 약속한다.

마지막으로, 늘 임장도 같이 가주고, 임대 물건도 관리해 주고, 팔팔하게 오래 살자며 노화방지 도시락에 디저트까지 챙겨주는 세심한 아내에게 감사하다. 이제는 남들에게 자랑할 만큼 훌륭한 사회의 일원이 되어 부모에게 근심 걱정 한 번 끼친 일 없는 큰딸 예인이에게, 다시 집필할 수 있도록 아이디어와 동기부여를 해준 귀여움 담당 둘째 다민이에게 고맙다. 아울러 늘 새벽기도를 하시며 격려를 아끼지 않으시고, 이렇게 책을 쓸 수 있는 유전자를 물려주신 아버지와 어머니께 감사드린다.

김원철

차례

1장

새 시대,
새로운 블루칩

◆

코로나 이후 가장 주목할 만한 변화는 '재택근무의 증가'가 될 것이라는 데는 대다수가 공감하고 있다. 그런데 1가지 궁금증이 생긴다. 코로나가 잠잠해져도 재택근무가 일상화될까?

일상화될 것이다. 이유는 간단하다. 모든 면에서 그것이 더 효율적이라는 게 입증될 테니 말이다. 회사 입장에서는 사무실을 콤팩트화함으로써 고정비를 줄일 수 있고, 개인 입장에서는 매일 회사에 출·퇴근하면서 낭비하는 시간과 비용을 절약할 수 있기에, 서로에게 이익이 되는 것이다.

따라서 코로나 이후의 회사생활이란, 꼭 필요할 때만 사무실에 출근하는 형태가 될 것이다. 화상회의 시스템이나 업무 평가

코로나19 이후 재택근무 경험 비율

	비율
대기업	73.2
중견기업	68.6
중소기업	57.6

전체 62.3

자료원: 잡코리아 알바몬(직장인 885명 대상 설문, 단위: %)

직종별 재택근무 가능 비율

직종	비율	직종	비율
컴퓨터·수학	67.61	사무·행정	53.68
경영·재무	63.35	⋮	
관리	56.07	생산	24.74
건축·공학	54.5	운송·물류	21.39
법률	54.15	식음료	13.71

자료원: IZA 노동경제연구원, 2020(단위: %)

시스템 등이 더욱 발달해 현재의 문제점들은 보완될 것이다. 물론, 서비스업이나 장비를 다뤄야 하는 업종이라면 재택근무가 불가능하겠지만, 한 달에 몇 번만 출근하는 형태로 일할 수 있는 사람이 많아지는 것만으로도 사회 전반의 모습은 크게 달라질 수밖에 없다.

그렇다면 이러한 변화가 부동산 시장에는 어떤 영향을 미칠까? 이미 오래전부터 '탈 서울' 현상이 시작되었지만, 더욱 가속화될 것으로 본다. 이에 따라 수도권 일대의 대형 주거단지들의 가치는 더욱 올라갈 가능성이 크다. 우선, 매일 출근하지 않아도 되는 상황이 되고 꼭 출·퇴근 시간에 맞춰 이동해야 할 필요가 없어진다면, 굳이 서울에 살아야 할 이유가 없어진다. 알다시피, 사람들이 서울에 거주하길 싫어서 탈 서울화가 생긴 것은 아니다. 서울의 집값이 너무 오르다 보니 대안을 찾아서 서울을 떠나게 된 것뿐이다. 그런데 이 역시 잘 생각해 봐야 한다. 과연 서울에는 적당한 가격의 집이 없는가? 그렇지는 않다. 반드시 서울에 살아야 한다면 적절한 가격대의 주거지를 얼마든지 구할 수 있다. 아파트가 아닌 빌라를 선택하면 되고, 신축 아파트나 대단지 아파트가 아닌 구축 아파트나 소형 단지의 아파트를 선택하면 가능하다.

그러나 많은 사람이 그런 방법보다는 '탈 서울'을 선택했다. 왜일까? 그것은 주거지 선택에 있어서는 쾌적한 생활, 자녀를 키우기에 안전하고 편리한 환경에 대한 선호가 더 크게 작용했기 때문이다. 이런 상황에서 재택근무까지 가능해진다면, 더더욱 서울에 살아야 할 이유가 없어진다.

2020년 1월 14일 리얼투데이가 통계청 자료를 분석한 결과에 따르면, 지난 2008년부터 2018년까지 서울에서 경기와 인천으로 이동한 순이동자 수가 129만 7,759명이라고 한다. 그중에서 90.3%(117만 2,124명)가 경기도로, 9.7%(12만 5,635명)가 인천으로 이동했다. 2008년과 2018년을 비교하면 경기도로 이동한 서울 인구는 8만 8,893명에서 13만 4,216명으로 10년 사이 52.1%가 증가한 것이다. 연령별로 보면 30~50대의 이동이 많았다. 부모와 함께 이사한 10대 미만, 10대 자녀들의 비율도 상대적으로 많았다. 10년간 서울에서 경기도로 향한 인구는 30대가 35만 5,718명, 40대는 14만 7,994명, 50대는 16만 216명 등으로 총 66만 3,928명에 달했다.

쉬운 이해를 위해, 이렇게 비교해 보자. "서울의 빌라에서 살래, 수도권 대형 아파트 단지에서 살래?"라고 묻는다면, 수도권 대형 아파트 단지를 선택할 사람이 앞으로도 점점 더 많아질 거란 말이다. 물론, 그렇다고 해서 서울의 빌라가 아예 전망이 없다는 뜻은 아니다. 서울의 빌라 중에서도 신축과 중·소형은 선호도가 여전할 것이다. 그러나 대형과 구축 빌라는 향후에도 특별한 개발 이슈가 없는 한 가치가 올라가기는 힘들다고 봐야 한다.

반면, 수도권 일대의 대형 아파트 단지들은 서울과의 격차를 빠르게 좁혀갈 것이다. 서울과의 격차를 좁힌다는 말은 2가지 의미에서다. 하나는 서울 부동산과의 가격 격차, 다른 하나는 교통 거리의 격차가 줄어들 것이라는 점이다. 이 모든 것은 하나로 연결된다. 순서상 먼저와 나중의 문제가 아니라, 동시에 진행되고 있다. 코로나 이후 재택근무가 늘면서 탈 서울화가 가속화되고, 교통 여건이 좋아지면서 서울 진입에 불편함이 없어진다. 또 정기적 출·퇴근이 줄어들어 교통을 이용하는 사람이 예전보다 적

수도권 권역별 주요 철도 노선

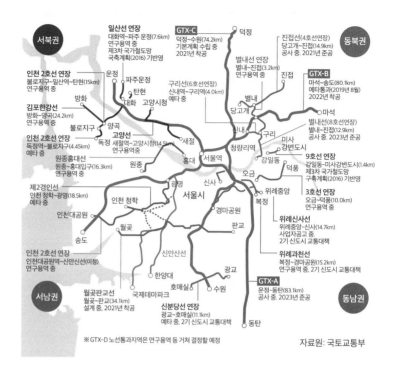

서북권

일산선 연장
대화역~파주 운정(7.6km)
연구용역 중
제3차 국가철도망
국축계획(2016) 기반영

GTX-C
덕정~수원(74.2km)
기본계획 수립 중
2021년 착공

덕정

진접선(4호선연장)
당고개~진접(14.9km)
공사 중. 2021년 준공

동북권

인천 2호선 연장
불로지구~일산역~탄현(15km)
연구용역 중

운정

파주운정

별내선 연장
별내~진접(3.2km)
연구용역 중

진접

방화

탄현
대화

고양시청

GTX-B
마석~송도(80.1km)
예타통과(2019년 8월)
2022년 착공

김포한강선
방화~양곡(24.2km)
연구용역 중

불로지구

양곡

구리선(6호선연장)
신내역~구리역(4.0km)
예타 중

당고개

별내

마석

인천 2호선 연장
독정역~불로지구(4.45km)
예타 중

고양선
독정 새절역~고양시청(14.5km)
연구용역 중

신내

구리

별내선(8호선연장)
별내~진접(12.9km)
공사 중. 2023년 준공

원종홍대선
원종~홍대입구(16.3km)
연구용역 중

새절

홍대

서울역

청량리역

미사

강변도시

9호선 연장
강일동~미사강변도시(1.4km)
제3차 국가철도망
구축계획(2016) 기반영

제2경인선
인천 청학~광명(18.5km)
예타 중

원종

광명

신사

서울시

강일동

덕풍

오금

3호선 연장
오금~덕풍(10.0km)
연구용역 중

인천 청학

위례중앙

복정

위례신사선
위례중앙~신사(14.7km)
사업자공고 중.
2기 신도시 교통대책

인천대공원

월곶

경마공원

판교

위례과천선
복정~경마공원(15.2km)
연구용역 중, 2기 신도시 교통대책

송도

신안산선

인천 2호선 연장
인천대공원~신안신선(미정)
연구용역 중

한양대

국제데마파크

호매실

광교

수원

GTX-A
운정~동탄(83.1km)
공사 중. 2023년 준공

서남권

월곶판교선
월곶~판교(34.1km)
설계 중, 2021년 착공

신분당선 연장
광교~호매실(11.1km)
예타 중, 2기 신도시 교통대책

동탄

동남권

※ GTX-D 노선통과지역은 연구용역 등 거쳐 결정할 예정

자료원: 국토교통부

어져 교통 환경이 쾌적해지면, 시간 낭비가 줄어들어 서울 진입
이 더욱 불편하지 않은 상황이 되는 것이다.

여기서 하나 생각해 볼 것이 있다. 과거 1기 신도시를 떠올려
보자. 1기 신도시가 당시 부동산 가격을 안정시킨 측면은 있지
만, 처음부터 도시로서의 역할을 제대로 해낸 것은 아니다. 1기
신도시 중 가치가 가장 크게 오른 분당만 해도 사람들이 분당을

살기 좋은 곳으로 인식하게 된 때는, 분당 신도시가 완공된 지 약 15년이 지난 뒤부터다. 그 이전까지는 출·퇴근 전쟁으로 인해 그곳에 거주하는 사람들도 늘 '인서울'의 꿈을 버릴 수가 없었다. 사실 지금까지도 일산은 서울 도심으로의 출·퇴근이 매우 힘든 상황이다. 전철이 있긴 하지만 도심의 주요 시설과 바로 연결되지 않는 탓에 상당한 시간이 소요되고, 간선버스가 많긴 하나 도로 사정으로 인해 주요 시간대엔 많은 시간과 번잡함을 감수해야 한다. 신도시가 건설된 지 30년이 되었지만, 교통기반 시설이나 산업화 시대의 경제구조가 그다지 획기적으로 변화하지 않았기 때문이다.

이런 사례만 보면, 새롭게 건설되는 신도시나 이미 완공된 수도권 일대 대단지 아파트들이 과거 신도시의 전철을 밟게 되는 건 아닐까 생각할 수 있는데, 그렇지는 않다. 코로나가 강제적으로(?) 우리의 일상을 바꾸어 놓았기 때문이다. 따라서 신설될 도시는 과거의 신도시처럼 큰 불편을 감수해야 하는 도시가 아니라, 어쩌면 서울보다 쾌적한 도시가 될 가능성까지 커졌다.

이에 따라 서울과의 접근성이 좋은 수도권 일대 대단지 아파트의 가치는 지금보다 한 단계 더 올라갈 것이다. 예를 들어, 현 시점 가격을 비교해 보자.

단지명	준공	세대수	전용 84m² 매매가
개포동 디에이치아너힐즈	2019.08	1,320	28억 원
용인 성복역 롯데캐슬골드타운	2019.06	2,356	14억 원
가격 할인율			50%

단지명	준공	세대수	전용 84m² 매매가
강동고덕래미안힐스테이트	2016.12	3,658	15억 원
미사강변푸르지오	2016.04	1,188	12억 원
가격 할인율			20%

단지명	준공	세대수	전용 84m² 매매가
마곡힐스테이트	2017.08	603	13억 원
풍무센트럴푸르지오	2018.06	2,467	6억 5,000만 원
가격 할인율			50%

(2020년 9월 기준)

사실 부동산 대상의 가격은 매우 다양한 요소가 결합된 결과이므로, 단순히 실제 거리나 교통거리 정도만으로 비교할 순 없다. 하지만 연식과 면적, 세대수가 거의 동일한 경우라면, 교통거리와 학군 및 기반시설 정도로 대상을 비교해 볼 수 있을 것이다.

그렇게 비슷한 대상을 골라서 비교해 보니, 개포동의 디에이치
아너힐스와 용인 성복동의 롯데캐슬골드타운 아파트의 가격은
무려 50%의 차이가 났다. 사실 전철 이용 편의나 대단지의 쾌적
성, 주변 시설 같은 것은 성복동 롯데캐슬골드타운이 개포동 디
에이치아너힐스에 뒤질 것이 없다. 오로지 차이가 있다면, 강남
주변의 일자리와 학군 정도다.

 학군 관련 이야기는 뒤에서 자세히 이야기할 테니, 일단 일자
리만 놓고 비교해 보자. 신분당선 성복역에서 강남역까지는 전
철로 30분 정도가 소요된다. 고작 30분 차이로 부동산 가격이
50%가량 저렴해지는 게 타당한 일일까?

 이렇게 생각해 보자. 매일 출·퇴근에 1시간을 쓰는 대신 14억
원을 다른 데 쓸 수 있거나 다른 데 투자할 수 있다면? 당신은 매
일 1시간이란 시간을 소비하는 걸 택하겠는가, 14억 원을 유용할
수 있는 걸 택하겠는가? 여기서 대뜸, 이런 생각을 할 수도 있다.
'강남의 집은 일단 보유하면 가격이 더 오르니까 가지고 있는 거
지.' 물론 그렇다. 강남의 아파트가 진짜 14억 원어치만큼 좋아서
가지고 있는 게 아니라, 앞으로도 가격이 더 오를 것 같으니 14억
원을 추가로 더 들여서라도 보유하려는 것이다.

 그런데 집값이라는 게 늘 그런 식으로 움직이는 건 아니다. 역

도곡동 도곡렉슬(전용 84m² 매매가)

2006.09 평균 14억 7,500만 원 (1건)

2017.09 평균 14억 9,000만 원 (2건)

30억

20억

10억

실거래 690건/ 회전율 74%

시세 18건

거래량

2008 2010 2012 2014 2016 2018 2020

강남의 대표적인 아파트 도곡렉슬의 매매가격 움직임. 2006년 9월까지 가파르게 올랐으나, 이후 지속적으로 하락과 보합 등을 거쳤다. 다시 과거의 고점까지 온 것은 2017년 9월경으로 무려 11년간 가격 상승이 없었다.

자료원:국토교통부 실거래가

사를 보면 알 수 있지만, 지난 수년간처럼 계속해서 가격이 오르지만은 않았다. 가까운 과거만 봐도, 강남의 집값은 2008년부터 2017년까지 거의 10년간 꼼짝도 안 했다. 부동산 가격이라는 게 그렇다. 늘 오르는 건 아니다. 이렇게 가격이 오르지 않는 기간이 10년 정도 된다고 해보자. 그런 상황에서도 14억 원을 깔고 앉아 있는 것을 선택할 것인가, 아니면 그 돈을 다른 곳에 투자하거나 내가 좋아하는 일을 하는 데 투자할 것인가?

이렇게 따져보니 좀 더 명백해지지 않는가? 주거환경이 비슷하고 직장까지 30분 정도 소요되는 거리에 있는 부동산이라면 50%의 가격 할인은 좀 심한 것 같다는 생각 말이다. 그럼 어느 정도 할인해 주는 것이 맞는 것일까?

2020년 9월 현시점, 서울 강북권에서 가장 핫한 곳은 신촌그랑 자이 아파트다. 2020년 입주를 시작했고 초역세권인 데다 강북 의 가장 핵심 지역인 마포구에 있다 보니, 주목받는 아파트 단지 가 되었다. 이 아파트와 개포동 디에이치아너힐즈를 비교해 보 면 어떨까?

우선, 입지적인 차이점이 있는지를 생각해 보자. 그저 다들 '강 남 강남' 하니깐 강남이 좋은 것 같지만, 진짜 어느 정도의 가격 이 적절한지는 이성적으로 생각해 볼 필요가 있다. 만약 신촌에 주거지를 마련하면, 서울 어느 지역으로든 출·퇴근이 용이하다. 강남역까지도 '도어 투 도어'로 1시간이면 된다.

단지명	준공	세대수	전용 84m² 매매가
개포동 디에이치아너힐즈	2019.08	1,320	28억 원
신촌그랑자이	2020.02	1,248	20억 원
가격 할인율			29%

(2020년 9월 기준)

현재 신촌그랑자이는 강남의 신축 아파트에 비해서 30% 가까이 저렴한 상황이다. 적절해 보이는가? 나는 적절하다고 생각하지 않는다. 앞으로 강북의 부동산이 강남과의 격차를 점점 더 줄여갈 것으로 보고 있기 때문이다.

다만 여기서 생각해 볼 것이 있다. 지금의 가격 할인율은 시장이 이 정도의 차이를 인정하고 있다는 걸 의미한다. 즉, 강북의 미래가치를 꼼꼼히 고려해서 결정된 가격이 아니라, 현시점 시장이 인정하는 수준에서 가격이 결정됐다는 말이다. 그렇다면 주거환경은 비슷하고 단지 강남과의 거리가 약 30분 정도에 있는 아파트라면 가격 할인율이 약 30% 정도 되는 것이 시장이 인정하는 수준이 아닐까 추론할 수 있다. 바로 이 가격 할인율을 수도권 지역에 동일하게 적용해 보면 어떨까? 수도권 일대의 대단지 아파트들 역시 코로나 이후 달라질 세상에서는 그 정도의 편리함을 주는 곳이라는 인식이 대중화될 것이기 때문이다.

강서구의 마곡힐스테이트와 김포시의 풍무센트럴푸르지오는 전철로 고작 16분 정도 거리에 있다. 그런데도 가격 차이는 풍무센트럴푸르지오가 마곡힐스테이트의 반값 수준이다. 물론, 이 정도의 가격 차이에는 다 그럴 만한 이유가 있다. 그 이유 중 가장 큰 비중을 차지하는 건 직장 출·퇴근 용이성이다. 그러니 정해진 날과 시간에 출·퇴근하는 일이 지금처럼 중요하지 않는 시

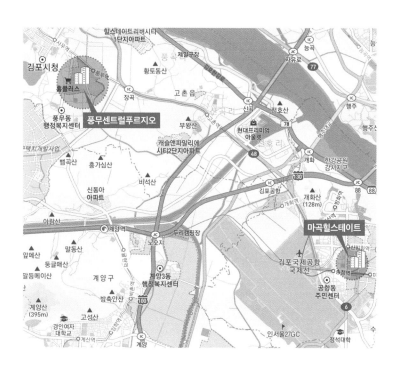

단지명	준공	세대수	전용 84m² 매매가
마곡힐스테이트	2017.8	603	13억 원
풍무센트럴푸르지오	2018.6	2,467	6억 5,000만 원
가격 할인율			50%

(2020년 9월 기준)

대가 오게 된다면, 가격 할인율은 급격히 좁혀질 가능성이 크다.
다음 사례를 보자.

단지명	준공	세대수	전용 84m² 매매가
강동고덕래미안힐스테이트	2016.12	3,658	15억 원
미사강변푸르지오	2016.04	1,188	12억 원
가격 할인율			20%

(2020년 9월 기준)

    경기도 하남시의 미사지구와 서울 강동구의 고덕동은 입지적인 차이가 별로 없다. 이제 5호선 전철까지 연장 개통되면서 더더욱 차이가 없어졌다. 이에 따라 부동산의 가격 격차는 20%가 되었다. 그런데 2019년 2월 당시에는 어땠을까? 같은 전용 $84m^2$의 강동고덕래미안힐스테이트의 매매가격은 11억 원, 미사강변푸르지오 아파트는 7억 7,000만 원이었다. 당시 두 아파트의 가격 격차는 약 30%다. 시간이 지나면서 둘 다 가격이 올랐지만 미사강변푸르지오가 더 많이 오름으로써 가격 격차를 좁힌 것을 알 수 있다.

미사에 무슨 일이 있었기에 이런 결과가 생긴 걸까? 그사이 생긴 변화라면 오직 하나, 전철 개통뿐이다. 보통 사람들은 이를 두고 단순히 교통이 좋아져서 부동산 가격이 오른 것이라고만 생각한다. 교통거리 단축으로 가격 할인율이 이처럼 줄어든다면, 교통거리가 부동산 가격에 미치는 영향이 얼마나 큰지 알 수 있다. 현재까지는 말이다. 그런데 이와 같은 상황을 거꾸로 생각해볼 필요도 있지 않을까? 교통거리가 부동산 가격에 미치는 영향력이 상당하기에 교통거리가 단축될 때 부동산 가격이 오르는 것인데, 이처럼 중요한 '교통거리'가 별 의미 없는 상황이 된다면 어떻게 될 것인가?

이것이 바로, 코로나 이후 대한민국 부동산이 맞이하게 될 혁명적인 상황이다. 그저 단순히 재택근무의 활성화가 전부는 아니다. 재택근무가 일상화되면 교통거리의 중요성은 매우 작아질 수밖에 없다. 그렇게 되면, 수도권 일대의 쾌적한 주거환경과 편의시설 등을 잘 갖춘 대단지 아파트들은 서울 내 아파트와의 가격 할인율을 크게 좁히는 방향으로 가게 될 것이다.

주목할 만한 저평가 단지들

　　수도권 일대 아파트 단지 중에서도 중요한 것은 역시 대단지 아파트다. 특히 대단지 아파트들이 모여 있는 지역이라면 더욱 눈여겨봐야 한다. 기반시설 차이 때문이다. 보통 1,000세대가 넘는 단지들은 그 이상이 되어도 기반시설 면에서는 큰 차이를 보이지 않으므로 사실상 가격 차이도 별로 없다. 그러나 대단지 아파트가 여러 개 모여 있다면 이야기가 달라진다. 그 지역 자체가 달라지기 때문이다.

　　따라서 수도권 일대에 대단지 아파트들이 모여 있는 지역은 향후 서울과의 지속적인 가격 격차 줄이기에 나서게 될 가능성 크다. 그중 이미 주목받고 있는 미사나 분당 등은 제외하고, 저평가된 지역들만 선정해 본다면 다음과 같다.

김포 신도시 일대

김포는 앞에서 보았듯, 풍무푸르지오 아파트를 비롯해서 메트로자이, 한강신도시반도유보라2차, 구래역 일대 호반베르디움더레이크, e편한세상 같은 아파트 모두 저평가되어 있다. 중전철은 아니지만 전철이 지나고 마곡이라는 핵심 일자리와 접근이 용이함에도, 가격은 비슷한 조건의 마곡 아파트의 절반보다 더 낮기에 상승 여지가 충분하다고 본다.

또 '매일 출근하지 않는 삶'이 익숙해진다면, 중전철이 아닌 것도 가격 할인의 요인이 되지 않는다. 전철이 있는 정도면 됐지, 대규모의 운행 능력까지 갖출 필요는 줄어드는 것이다. 그런 측면에서, 이미 교통편의를 갖추고 신도시의 깨끗한 환경까지 완

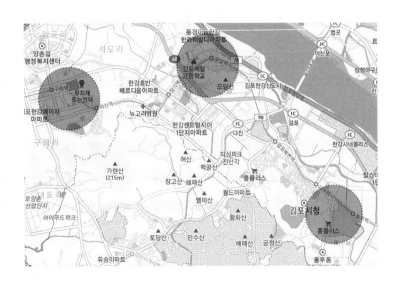

비한 김포 일대야말로 관심을 갖고 지켜볼 만한 대상이다.

부천 옥길지구

이곳엔 2가지 큰 단점이 있다. 하나는 역세권이 아니라는 것이고, 다른 하나는 서울로의 진입 여건이 매우 좋지 않다는 것이다. 그래서 쾌적한 주거환경에도 불구하고 비슷한 조건의 서울 아파트와의 가격에서는 큰 차이가 난다. 그러나 부천 옥길지구의 아파트들이 역세권이 아니라는 단점은 향후에는 서울과 지리적으로 인접한 지역에 있다는 것만으로도 많이 상쇄될 것으로 본다. 다시 말해, 이곳은 교통거리로 단점을 커버하는 것이 아니라, 실제 지리적 거리로 단점을 커버하게 될 것이란 뜻이다.

또한, 부천 옥길지구의 아파트들 가격이 그동안 크게 오르지 못한 것은 이 지역에 지속적으로 물량이 쏟아져 나왔기 때문이다. 그러나 이제는 분양이 마무리되고 기반시설도 속속 갖춰지고 있는 추세이기에, 본격적으로 신도시의 쾌적함과 편리함까지 완비된 시점이 도래한 것이다.

아울러 옥길지구는 그간 서울과 가까운 지역임에도 불구하고 좋지 않은 도로 사정으로 대중의 관심밖에 있었지만, 이젠 상황이 달라졌다. 서울로의 진입 여건이 획기적으로 나아질 전망은 보이지 않지만, 코로나 이후 재택근무가 활성화된다면, 이 같은 단점은 희미해지고 지리적으로 서울과 가까우면서도 가격이 저렴하다는 장점이 부각될 것이다.

단지명	준공	세대수	전용 84m² 매매가
신길래미안에스티움	2017. 04	1,722	15억 원
부천옥길호반베르디움	2017.12	1,420	7억 8,000만 원
가격 할인율			48%

(2020년 9월 기준)

남양주 다산지구

다산지구는 사실 부동산 가격이 상당히 오른 신도시 중 하나다. 처음 개발할 때만 해도, 서울에서 멀리 떨어진 데다 물량이 너무 많이 공급되기에 고전할 것이란 예상이 많았다. 그러나 결과는 의외였다. 매우 빠르게 가격이 치솟은 것. 여러 이유가 있겠지만, 가장 큰 것은 '의외로 용이한 강남 접근성' 때문이다.

주변에 전철역도 없고 실제 거리로도 강남과는 상당히 떨어져 있으나, 외곽 순환도로나 올림픽대로를 이용하거나 강동-송파를 거쳐 강남으로 진입하면 생각보다 접근이 용이하다. 이 때문인지 가격도 크게 올랐다. 다만 이 정도에서 그칠 것 같지 않다. 아직까지 강동지역 부동산 가격의 절반 정도에 불

현재 8호선 연장선인 별내선은 공사 중이며 2023년 9월 완공 예정이다.　　　　　자료원: 서울시

과하기 때문이다. 2023년 개통 예정인 8호선이 지나게 된다면, 접근성은 더욱 좋아질 것이다. 8호선을 타고 '매일 출근'한다면 매우 피곤하겠지만, '일주일에 몇 번' 정도 서울에 나가는 건 그다지 불편할 게 없는 것이다. 가격 할인율은 당연히 좁혀질 것이다.

단지명	준공	세대수	전용 84m² 매매가
강동고덕래미안힐스테이트	2016.12	3,658	15억 원
다산e편한세상자이	2017.12	1,420	8억 5,000만 원
가격 할인율			43%

(2020년 9월 기준)

현재는 개통되는 전철역과 가까운 아파트를 중심으로 가격이 많이 올랐으나, 실제로 전철역이 개통하면 그 영향력이 미치는 곳까지 가격 상승이 이루어진다는 점을 감안할 때, 도보 10~15분 정도 거리의 단지까지 관심을 가져볼 만하다.

2장

사람들은
새로운 면적을
원한다

코로나로 인해 재택근무가 일상화되면 집은 어때야 할까? 온종일 집안이 식구들로 북적거리게 되면서, 피곤함을 호소하는 이들이 늘고 있다. 당연하다. 코로나 이전에는 가족 구성원들이 직장과 학교로 나간 뒤엔 여유롭게 누릴 수 있던 공간이, 집에 머무는 이들이 늘면서 다소 좁고 갑갑하게 느껴진다. 예전에는 잠깐씩 사용하던 집안의 업무공간을 이제 장시간 사용하게 되면서 불편함이 이루 말할 수 없어졌다. 이러한 상황에서 사람들은 어떤 생각을 하게 될까?

코로나 바이러스가 처음 발생했을 때만 해도 이런 상황이 일시적일 것이라고 생각했다. 과거 사스나 메르스 때처럼 잠시만 조심하면 곧 지나갈 것으로 여겼다. 하지만 사태가 심각하다. 코로나는 전 세계인의 생활 패러다임을 완전히 바꿀 정도가 되었다. 더욱 공포스러운 것은, 우리가 역대 유례없는 세계화를 맞이했다는 점이다. 과거 그 어떤 시기보다 우리는 전염이 빠르게 이뤄질 수 있는 구조를 갖추고 있다. 그러니 더욱 두려울 수밖에.

어찌 됐든 이제 코로나 이전의 세상으로 돌아갈 수는 없다는 것만은 모두가 인식하고 있다. 그렇다면 앞으로 더 많은 시간을 보내야 할 주거공간, 아니 업무공간이기도 하고 휴식공간이기도 하며 문화공간이기도 할 집을, 사람들은 어떤 기준으로 선택하게 될까?

우선 가장 쉽게 생각할 수 있는 건, 집이 좀 커져야 한다는 것이다. 과거에는 주거공간의 면적이 좁더라도 집안에 머무는 시간이 많지 않거나 계속 집에 있는 사람이 적기 때문에 별 문세가 없었다. 이제는 달라졌다. 그렇다면, 집은 얼마나 커져야 하고 사람들은 어느 정도의 크기를 원하게 될까?

이 대목에서 15년 전의 부동산 시장을 보는 것 같은 기시감이 든다. 2005~2008년까지 부동산 상승기에는 사람들이 모두 대형 평형만을 찾았다. 대형 평형 아파트의 가격이 더 많이 올랐기 때문이다. 대형 평형 부동산의 가격이 더 많이 오른 데는 여러 가지 이유가 있지만, 핵심적인 이유는 역시 부동산 강세장이었기 때문이다. 부동산 공급물량이 부족한 데다 역대 한 번도 맞이한 적 없었던 저금리 대출의 영향도 강세에 한몫했다.

그런데 상황이 이렇게 흘러가자 여러 전문가가 이를 분석하면서 다음과 같은 이유를 갖다 붙이기 시작했다. "시대가 달라졌다. 과거 가장 대중적이었던 34평이 이제는 좁게 느껴지게 되었다. 그만큼 경제가 성장하고 소득이 늘어나면서 사람들의 취향이 바뀐 것이다. 따라서 이제는 38평이 대중적인 평형이 되고, 42평이나 55평, 심지어 미국처럼 80평에 가까운 아파트를 선호하는 사람들도 늘어날 것이다."

이같은 예측은 한동안은 어느 정도 맞는 듯 보였다. 낡을 대로 낡은 압구정 아파트를 팔고, 용인에 80평 정도 되는 대형 아파트를 사는 것이 시대를 앞서가는 사람의 모습처럼 묘사되곤 했다. 이에 따라 그런 대형 아파트의 몸값도 고공 행진했다.

그런데 결과가 어떻게 되었는가? 상황은 어이없게 흘러갔다. 계속 좋아질 것처럼 보였던 경제는 금융위기가 터지면서 전 세계인으로 하여금 지금은 축배를 들 때가 아님을 인식하게 해줬고, 부동산 시장에서는 대형 평형의 선호가 확대되기는커녕 오히려 소형 평형의 선호도가 오르면서, 대형 평형은 그야말로 애물단지가 되어버렸다.

많은 사람이 알고 있듯이, 당시 주목받았던 수도권 외곽의 대형 아파트들 중에는 지금까지도 그때 가격을 회복하지 못한 아파트들이 널렸다. 심지어 매매 거래도 전혀 이뤄지지 않는 상황이 지속되자 이젠 기존 대형 아파트를 절반으로 나누는 리모델링까지 진행하는 단지들이 있다. 80평을 절반으로 나눠도 40평이고, 100평을 절반으로 나눠도 50평이다. 상황이 이런데, 과연 사람들이 코로나 이후엔 대형 평형을 선호하게 될까?

대형 평형에 대한 트라우마를 가지고 있는 사람이라면, '대형 평형'이 다시 뜰 것이라는 예측에 반감을 가질 수 있다. 그리고 예전처럼 대형 평형 아파트가 주목받는다면, 그건 대중들의 선호도에 기인한 것이 아니라 순전히 부동산 강세장에서 벌어지는 현상으로 생각할 수 있다.

그런데 이번에도 과거와 같은 결과가 나타날까? 다시 말해, 대형 평형에 관심이 많아지는 지금 역시, 부동산 가격이 15년 전과 같은 '상승 후 장기간 하락'의 상황으로 이어질까? 지금 대형 평형에 쏟아지는 관심은 그때와 마찬가지로, 그저 강세장에서만 나타나는 위험하기 짝이 없는 일시적인 현상인 것일까?

결론적으로 말하자면, 지금의 현상은 15년 전과는 매우 다르다. 그때는 저금리로 인한 현금 유동성 증가로 집값이 상승했다.

그런 현상을 두고 인간 삶의 환경이 바뀐 것으로 착각한 것이다. 물론 지금의 부동산 가격 상승 역시 그때와 매우 유사하게, 저금리로 인한 유동성 증가의 영향을 받고 있다. 그러나 그때와 현재 상황의 매우 다른 점은, 이번에는 실제로 인간 삶의 환경 자체가 변했다는 것이다.

코로나로 인해 재택근무가 늘어나는 상황은 돌이킬 수 없는 일이 되어버렸다. 재택근무의 증가로 좀 더 쾌적하고, 좀 더 넓고, 이왕이면 개인적인 공간도 확보할 수 있는 주거환경을 찾는 사람들이 더 늘어났다. 그리고 이러한 현상은 앞으로도 계속 진행될 것이다. 중요한 것은, 이러한 현상이 '적절한 면적'에 대한 기존의 생각을 완전히 바꿔놓을 거란 점이다.

이제 대형 평형 아파트가 다시 주목받게 될 것이라는 말인가? 이 부분에서는 매우 중요한 사실을 알아야 한다. 간단히 말하자면, 대형이 주목받게 되는 건 맞다. 그러나 그 대형이란 개념이 과거와 같은 개념은 아닐 것이다. 과거에는 40평이 넘는 아파트를 대형으로 불렀다. 하지만 이제부터 주목받게 될 대형은 '가족 구성원 대비 넓은 면적'이란 개념으로 바뀔 거란 사실을 명심해야 한다.

앞서 잠시 언급했던 내용을 다시 한번 짚고 넘어가자. 15년 전

부동산 강세장이 펼쳐진 이후, 다시 부동산의 전반적인 가격이 하락하면서 오히려 기존에는 별로 인기가 없던 소형 평형의 아파트들이 대단히 주목받기 시작했다. 이유가 무엇일까? 2가지다. 하나는 경기 하락으로 인한 규모의 축소, 다른 하나는 인구구조의 변화다.

모두가 알다시피, 우리나라의 생산가능인구는 2016년에 정점을 찍은 후 하락세로 돌아섰고, 인구의 정점은 2030년에 도달할 것으로 전망된다. 이러한 추세는 큰 이변이 없는 한 달라질 가능성이 전혀 없다. 인구구조의 변화는 부동산 시장에 매우 큰 영향을 미친다. 아파트를 매입하고자 하는 사람은 생산가능인구일 것이며, 그중에서도 30, 40대가 주력이기 때문이다. 결론은 아파트를 사려는 사람은 과거에 비해 이미 많이 줄어들었으며, 향후에도 더 줄어들 것이라는 사실이다.

출생률은 더욱 비관적이다. 대한민국의 출생률은 지속적으로 줄어들어왔고, 이제 한 자녀 가정이 표준처럼 되어버린 것 같다. 이러한 상황에서 '집은 어때야 할까'를 다시 생각해 보자. 더 크고 한결 쾌적한 데다 개인적인 공간까지 있는 집을 원하는 수요가 늘어난다? 여기서 생각해야 할 건 '더 크다'는 것이 누구의 기준이냐는 것이다. 1인 가구의 경우는 투룸만 돼도 크고 쾌적하다고 느낄 것이다. 2인 가구라면 기존의 전용면적 84㎡ 정도면 매

최근 10년간 합계출산율 및 출생아 추이

합계출산율(명)
출생아(만 명)

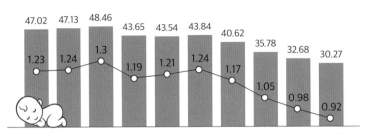

자료원: 통계청

우 크다고 느낄 것이다. 이렇듯, 달라진 인구구조의 변화를 고려
하며 생각해야 한다.

그렇다면, 우리가 흔히 알고 있는 대형 평형의 아파트들이 다
시 크게 주목받을 가능성은 별로 없어 보인다. 물론 지금까지 오
랫동안 가격이 눌려왔으니 일정 부분 상승할 여력은 있다. 그러
나 '트렌드'가 될 만큼 대중이 40평 이상의 아파트로 쏠릴 가능성
은 희박하다. 40평 이상의 큰 공간이 필요한 사람은 제한적일 수
밖에 없기 때문이다.

결론적으로 말하자면, 향후 주거공간의 면적은 다양화될 것이
다. 인구구조도 변화했지만, '더 큰 면적'이라는 개념이 단지 1인

혹은 2인 같은 가구 구성의 문제만은 아니기 때문이다. 코로나로 인해 집의 중요성이 커지고 더 많은 사람이 집이란 공간을 다시 바라보게 되었지만, 더 넓은 공간이라는 기준은 사람마다 다르다. 면적이 84㎡ 정도는 돼야 넓게 느끼는 1인 가구도, 전용면적 59㎡ 정도면 충분하다고 생각하는 3인 가구도 있을 수 있다. 이에 주거공간의 면적에 대한 사람들의 다양한 욕구가 표출될 것으로 본다.

그렇다면, 향후 주거공간은 어느 정도의 면적이 주목받게 될까? 기존 59㎡와 84㎡ 면적은 여전히 인기를 이어갈 것이다. 그러나 이 면적만으로는 다양화된 대중의 욕구를 채울 수 없기에, 새로운 평형으로 선보인, 49㎡, 74㎡, 101㎡ 같은 면적이 대중적인 평형으로 전면에 부각될 가능성이 크다.

우선, 전용면적 49㎡를 보자. 기존 시선에서 보면, 매우 애매한 사이즈다. 혼자 살기에는 크고, 신혼부부 입장에서 향후 자녀를 낳아 키울 것까지 고려하면 다소 작고, 4인 가족이 살기에는 매우 작다. 그러나 쾌적하고 보다 넓은 공간이 필요한 1인 거주자의 입장에서는 적합한 사이즈가 될 수 있다. 업무 공간과 침실이 분리되어 있고, 드레스룸까지 갖췄다면 더욱 좋을 것이다. 신혼부부 입장에서도 그렇다. 자녀를 낳아 키운다면 보다 넓은 공간이 필요하겠지만, 당장 2세를 가질 계획이 없거나 애초부터 아

경기도 안산 초지역 메이저타운푸르지오에코의 전용면적 49m² 아파트 평면도(확장형). 이런 면적 자체도 매우 드물지만, 이전에 나온 49m²와는 완전히 다르게 방 3개에 3베이 구조로 지어져 매우 혁신적이다. 분양 당시는 물론 입주 시점에도 인기를 끌지 못했으나, 입주가 완료된 후부터는 가격이 급상승하고 있다.

이 없이 부부끼리 살려는 딩크족이라면 어떨까? 이들에게 $59\,m^2$ 는 좀 사치스럽고 $49\,m^2$만 돼도 충분하게 여겨질 것이다.

전용면적 $74\,m^2$ 역시 마찬가지다. 이 면적은 대부분 $84\,m^2$를 그대로 조금씩 줄인 형태이므로 더욱 애매하게 느껴진다. 4인 가족이 살기에는 좁고, 신혼부부가 살기에는 좀 크다. 그러나 1명의 자녀만 둔 3인 가족이라면 어떨까? 침실과 아이 방 하나를 제외하고도 서재나 개인 공간으로 쓸 수 있는 방이 하나 더 있다면 충분하다고 느낄 것이다.

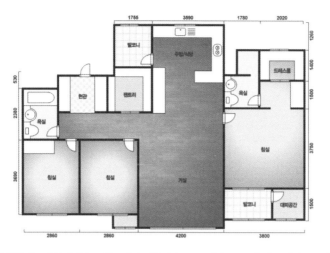

충북 청주시 모충동에 있는 트릴로채의 전용면적 74m² 평면도. LH가 짓는 아파트는 다소
세련되지 않았다는 기존의 인식을 완전히 뒤집은 사례다. 트릴로채는 전체 1,692세대 중
84m²를 489세대, 74m²를 527세대로 구성해, 가장 인기 있는 84m²보다 74m² 면적의 아파
트를 더 많이 배치하는 과감한 시도를 했다.

정리하자. 코로나로 인해 주거공간의 확대와 쾌적함을 원하는
수요가 늘고 있다. 그들 중 대다수는 1~4인 가구이지만, 가장 크
게 늘고 있는 구성은 1~2인 가구다. 따라서 이들이 쾌적하다고
여길 만한 면적은 계속해서 늘어나고 있는 상황이다. 더불어 전
용면적 101$m²$는 기존의 84$m²$ 공간이 좁다고 느끼는 사람들이 선
호할 수 있는 새로운 면적이 될 것이다. 아무리 1~2인 가구가 많
아진다고 해도, 여전히 4인 가구도 많다. 특히나 4인 가구가 주택
을 가장 필요로 하는 주요 구매층임을 고려하면, 이들이 선호하
는 면적은 당연히 부각될 수밖에 없다. 이 4인 가구 중에서 지금

주요 가구원 수 및 가구유형 구성비 변화

주요 가구원 수별 구성비(단위: %)

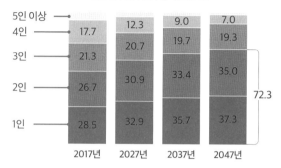

	2017년	2027년	2037년	2047년
5인 이상	17.7	12.3	9.0	7.0
4인		20.7	19.7	19.3
3인	21.3	30.9	33.4	35.0
2인	26.7			
1인	28.5	32.9	35.7	37.3

72.3

주요 가구유형별 구성비(단위: %)

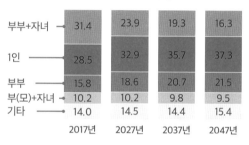

	2017년	2027년	2037년	2047년
부부+자녀	31.4	23.9	19.3	16.3
1인	28.5	32.9	35.7	37.3
부부	15.8	18.6	20.7	21.5
부(모)+자녀	10.2	10.2	9.8	9.5
기타	14.0	14.5	14.4	15.4

자료원: 통계청

보다 넓은 주거공간을 원하는 사람은 더욱 많아질 것이다. 이들이 50평에 가까운 면적의 아파트를 찾게 될까? 물론 그럴 수도 있지만 제한적일 것으로 본다.

우리가 이처럼 약간은 낯설게 느껴지는 면적의 아파트를 주목해야 할 이유는 또 있다. 아직까지는 익숙하지 않은 사이즈라서

과천센트럴파크 푸르지오 전용면적 101m² 평면도. 전용면적 84m²와 형태는 비슷한데, 보통 방이 1개 더 있는 식이다. 분양 당시 84m²의 경쟁률은 9:1, 101m²는 26:1일 정도로 인기가 많았다.

이런 면적의 아파트에 어느 정도의 가격이 적절한지 시장이 판단을 내리지 못한 경우가 많기 때문이다. 이러한 이유로 실제 가치보다 좀 더 낮은 금액이 책정되는 경우가 많고, 또 급매처럼 매우 저렴한 금액에 물건이 나올 수도 있다. 이때 이러한 트렌드를 안다면, 지금의 시장 평가와 상황이 매우 큰 기회가 될 수 있음을 알아차릴 수 있을 것이다. 향후 이 같은 면적이 더는 낯설게 느껴지지 않는 상황이 온다면, 상당한 가치를 인정받게 될 것이며 그만큼 수익성은 커질 테니 말이다.

과거 사례만 봐도 그렇다. 앞서 이야기했듯, 2008년부터 시작된 부동산 빙하기에서 새로운 스타로 떠오른 대상이 59㎡ 아파트다. 모든 부동산의 가격이 전반적으로 하락하는 가운데서도, 59㎡ 아파트의 가격은 떨어지지 않고, 심지어 오르기까지 했다. 전용면적 59㎡가 적당하다고 느끼는 세대들이 늘어난 이유가 크다. 예전에는 일단 집을 산다고 하면, 무조건 전용면적 84㎡였다. 59㎡는 임대로 들어가면 모를까 웬만해서는 매수하려고 하지 않았다. 하지만 상황이 바뀌면서 59㎡의 아파트를 매수하려는 이가 상당히 늘어났고 이것이 가격에 반영되었다.

다음 표의 도곡렉슬 아파트의 경우 5년 전만 해도 전용면적 59㎡와 84㎡의 가격 격차는 26% 정도였으나, 현재는 17%로 줄어들었다는 걸 알 수 있다. 물론, 아파트가 구축인지 신축인지에 따라 다르고, 어떤 지역인지에 따라서 가격 할인율엔 차이가 있다. 다만 2020년 8월 시점, 대부분의 경우 서울 아파트 기준 전용

도곡렉슬(2006년 1월 준공, 3,002세대)

시점	전용 84m² 매매가	전용 59m² 매매가	가격 할인율
2015년 9월	11억 5,000만 원	8억 5,000만 원	26%
2020년 8월	26억 5,000만 원	22억 원	17%

마포래미안푸르지오(2014년 9월 준공, 3,885세대)

시점	전용 84m² 매매가	전용 59m² 매매가	가격 할인율
2020년 8월	17억 8,000만 원	14억 8,000만 원	17%

송파헬리오시티(2018년 12월 준공, 9,510세대)

시점	전용 84m² 매매가	전용 59m² 매매가	가격 할인율
2020년 8월	21억 원	17억 원	19%

면적 $59\,m^2$와 $84\,m^2$ 아파트의 가격 격차는 대략 $15\sim20\%$ 정도다.

이렇게 된 데는 아파트의 구조 변화도 한몫했다. 과거의 전용 면적 $59\,m^2$ 아파트는 3~4인 가족이 살기에는 적합한 구조가 아니었다. 그러나 2012년 이후로 지어진 아파트들은 거의 대부분 면적이 $59\,m^2$임에도 구조가 매우 획기적으로 변했다. 그러면서 자연스럽게 선호도가 크게 오른 것이다.

도곡렉슬 전용면적 59m² 평면도. 2006년에 지어진 이 아파트는 당시 전국에서 가장 선호도가 높은 아파트였지만, 방 2개에 화장실 1개의 구조였고, 판상형도 아니었다.

옥수 리버젠 전용면적 59m² 평면도. 2012년에 지어진 이 아파트는 언뜻 보기에도 59m²라고는 믿을 수 없을 정도로 획기적으로 변화했다. 이때부터 전용면적 59m²도 방 3개에 화장실 2개의 구조가 기본이 되었고, 또한 판상형으로 지어져 소비자들에게 큰 인기를 얻었다.

동탄 우남퍼스트빌 전용면적 59m² 평면도. 2015년에 지어진 이 아파트는 방 3개, 화장실 2개, 심지어 4베이 구조로 선보였다.

안산 초지역 메이저타운푸르지오메트로 전용면적 59m² 평면도. 최근에 지어진 이 아파트는 방 3개, 화장실 2개, 4베이에 드레스룸과 펜트리까지 제공된다.

이처럼 익숙치 않은 면적의 아파트가 인기를 얻으며 기존 인기 면적 아파트와의 가격 격차를 줄여간 데는 앞의 사례에서 보듯 평면의 획기적인 변화에 영향을 받은 것도 사실이다. 그런데도 가장 큰 영향은 인구구조의 변화로 봐야 한다. 그리고 이러한 사례는 바로 지금도 그대로 적용할 수 있다.

우선, 전용면적 $49\,m^2$ 아파트의 적정가치는 얼마로 봐야 할까? $84\,m^2$와 $59\,m^2$의 사례에서 참고하자면, 둘의 면적 차이는 약 30%다. 그리고 가격은 현재 약 15~20% 차이가 나고 있다. 그런데 $49\,m^2$과 $59\,m^2$의 면적 차이는 약 17%다. 그렇다면, 가격의 차이는

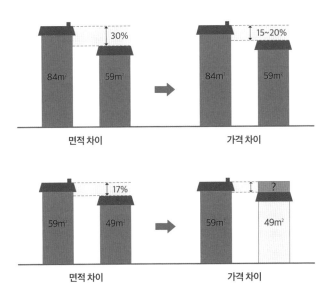

얼마 정도가 적당할까? 아무리 양보해도 49㎡ 아파트의 가격은 59㎡에 비해 약 10~15% 정도 저렴하게 형성되어야 한다. 물론, 이처럼 단순한 계산으로 따질 수 있는 문제는 아니겠지만, 그저 84㎡와 59㎡ 아파트의 가격 수준을 참고하면 그렇다는 이야기다.

여기에 기회가 있다. 현재 부동산 시장에서는 전용면적 49㎡ 아파트의 가격이 아직 그 정도에 이르지 않았기 때문이다. 가장 높은 증가세를 보이는 1인 가구를 고려하면, 보다 넓고 쾌적한 49㎡ 아파트에 대한 선호도는 지속적으로 늘어날 것으로 예측할 수 있다. 게다가 이 같은 면적의 아파트는 현시점 희소하기까지 하다. 알다시피, 부동산은 어떤 수요가 있다는 것을 발견해도 바로 지어서 공급할 수 없다. 수요를 파악한 건설업체가 본격적으로 이 같은 면적의 아파트를 공급할 수 있는 시점은 언제일까? 이런 낯선 면적을 선호하는 소비자가 늘었다는 사실이 공공연히 알려지고, 또 이런 아파트의 가격이 상당히 오른 다음이다. 그러니 이런 아파트의 상승 여지는 매우 높을 것으로 예상할 수 있다.

다음과 같은 사례를 보면 면적의 격차보다 가격의 격차가 작다는 것을 알 수 있다. 이 같은 결과에 결정적인 영향을 준 건 평면이나 구조보다는 한 아파트 단지에 새로운 소형 사이즈가 만들어졌다는 희소성과 1~2인 가구의 증가다. 1~2인 가구의 증가가 향후 20년 이상 지속될 것으로 본다면, 이들이 선호할 대상이

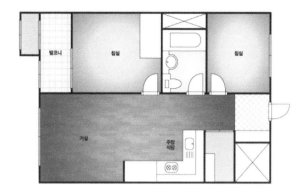

인천 주안캐슬앤더샵에듀포레 전용면적 38㎡ 평면도. 면적 49㎡나 74㎡만 아니라, 기존에 보기 힘들었던 평형이라면 관심을 가져볼 만하다. 소형이라면 더욱 그렇다. 어찌 됐든 1~2인 가구가 가장 많이 증가할 테고 그들 사이에서 다양한 니즈가 분출될 것이기 때문이다. 평면의 구조만 보면, 아직은 진화(?)가 덜 된 듯 보이지만, 늘어나는 수요와 부족한 공급을 감안한다면 향후 충분히 승산이 있을 것이다. 게다가 가격까지 고려하면 더욱 매력적이다.

서울 잠실리센츠 전용면적 27㎡ 평면도. 구조가 세련되었다거나 획기적인 시도로 보이는 것은 하나도 없으나, 가격이 폭등했다. 입주 당시 2억 8,000만 원이던 매매가는 2020년 10월 현시점 11억 원 수준이다. 반면 59㎡ 아파트의 경우 입주 당시 매매가는 7억 5,000만 원, 현시점엔 18억 원에 이른다. 가격 상승률에 있어서 27㎡가 훨씬 앞서고 있으며, 특히 현재 매매가를 59㎡와 비교할 때 면적의 격차에 비해 가격의 격차는 오히려 적다는 것을 알 수 있다.

무엇일지 고민하는 것이야말로 매우 의미 있는 일이 될 것이다.

　또 이러한 측면도 생각해 보자. 여러 채의 부동산보다는 '똑똑한 1채'가 중요하다는 인식으로 인해 현시점 소형 주택은 더욱 외면받고 있는 상황이다. 부동산은 딱 1채밖에 살 수 없으니, 실수요자 입장에서는 먼 미래까지 내다보면서 이왕이면 좀 더 큰 것을 사야 문제가 없을 것 같고, 투자자 입장에서는 이왕에 사는 거 좀 큰 것을 사야 수익도 크지 않을까 싶은 것이다. 그런데 생각해 보자. 앞으로 민간 임대시장이 다시는 열리지 않을까? 모든 국민이 오직 1주택만 소유하는 세상이 도래할까? 전 세계를 둘러봐도 사회주의 국가를 제외하고는 주택 임대시장의 상당 부분은 모두 민간이 차지하고 있다는 걸 알 수 있다. 이로 보건대, 1가구 1주택 이상의 부동산 보유를 규제하는 지금과 같은 기조는 미래에는 상당 부분 풀릴 가능성이 크다.

　그리고 여기서 또 하나 생각해 봐야 할 문제가 있다. 희귀하다는 건 양날의 검이다. 희귀하면 거래 사례가 별로 없고, 거래 사례가 별로 없으면 가격이 형성되기도 쉽지 않다는 단점이 있다. 게다가 거래가 잘 이뤄지지 않으면, 좋은 부동산의 요건인 '환금성'이 크게 떨어진다. 갑작스럽게 부동산을 매도해야 할 상황에 처했을 때, 기대했던 바와 달리 매우 낮은 금액에 내놓아야만 팔릴 수 있다는 말이다. 단, 이는 희귀한 만큼 매수세도 약할 때의 이야기다. 매수세가 많아진다면 상황은 확 달라진다. 오히려 부르는 게 값이 될 수도 있다. 실제로 이미 그런 일이 벌어지고 있다. 그러니 면적이 낯설다는 이유로 외면받고 있는 전용면적 $49\,m^2$, $74\,m^2$, $101\,m^2$ 아파트라면 관심을 가져볼 만하다.

답십리파크자이(2019년 1월 준공, 802세대)

시점	전용 59m² 호가	전용 49m² 호가	가격 할인율
2020년 8월	10억 원	9억 원	10%

주목할 만한 낯선 면적의 단지들

광명뉴타운

광명뉴타운은 규모가 대단히 크고 현재 완공 단계에 있는 사업속도 등을 감안할 때 주목할 만한 지역이다. 이곳에도 전용면적 $39\,m^2$와 $49\,m^2$ 아파트가 있다. 14구역, 4구역, 2구역 등이다(그외 구역에서도 사업시행변경 또는 관리처분 변경 등을 통해 추가적으로 나올 여지가 있으니 잘 살펴보자).

광명뉴타운은 서울과 인접한 입지적 조건, 쾌적한 도시환경 등으로 수년 전부터 대중들에게 많은 관심을 불러일으켰다. 다만, 그만큼 가격도 크게 상승했기에 막상 매수하기엔 부담스러운 지역이 되고 말았다. 그럼에도 전용면적 $39\,m^2$, $49\,m^2$, $74\,m^2$ 등의 아파트라면 눈여겨볼 것을 권한다. 앞서 설명했듯, 아직까지는 낮선 면적으로 인해 시장에서 적절하게 평가받지 못하고 있고, 거기에 더해 부동산 정책으로 '주택 수에 대한 규제'가 강화됨에 따라 이 같은 소형 평형 아파트는 아주 단순히 계산해도 너무 저평가되어 있음을 알 수 있다.

현시점 관리처분이 난 지역의 조합원 물건의 경우, 취득세가 중과되지 않고 향후 입주 시에도 원시취득(어떤 권리를 타인으로부터 승계받지 않고 새롭게 취득하는 일)으로 간주되므로, 현재 취득세 중과 규정에 해당되어 불이익을 당할 내용이 없다. 다만, 입주 후에는 주택 수에 포함되므로 다른 주택을 취득할 때는 주택수로 산정돼 합산해서 종부세 과세 기준이 되면 종부세 부과대상이 된다는 점은 염두에 둬야 한다.

하나 기억해야 할 것은, 중·장기적인 투자 관점에서 보자면 '지금 당장의 규제'에 모든 초점을 맞출 필요가 없다는 것이다. 역사적으로 볼 때도 규제라는 것은 늘 늘었다 줄었다를 반복해왔다. 한마디로 변동의 여지가 크다는 말이다. 그에 비해 '실물자산의 가치'는 중·장기적으로 봤을 때 꾸준히 성장해 왔다. 오히려 규제로 인해 가격이 눌려 있는 건 중·장기적인 투자자들의 입장에서는 기회인 셈이다.

2020년 9월 현시점 광명뉴타운의 낮선 면적의 아파트들은 전용면적 59 ㎡에 비해 매우 낮은 금액에 거래되고 있다. 또한 똘똘한 1채를 선호하는 분위기로 인해 39 ㎡와 49 ㎡ 아파트를 매우 저렴한 가격에 내놓는 경우도 자주 목격된다. 코로나 이후 대한민국 부동산의 미래 트렌드를 고려하면, 신도시급 지역의 대규모 단지에 있는 전용면적 39 ㎡와 49 ㎡ 아파트는 쾌적한 환경과 보안 등을 중시하는 싱글 여성이나 2인 공동생활을 선호하는 직장인들이 매우 선호하는 대상이 될 것으로 본다.

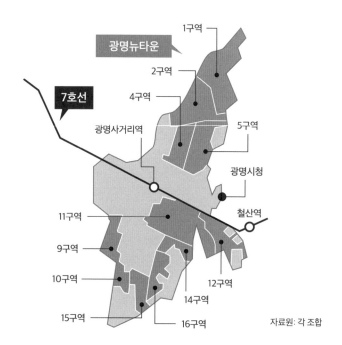

광명뉴타운

7호선

1구역
2구역
4구역
광명사거리역
5구역
광명시청
철산역
11구역
9구역
10구역
12구역
14구역
15구역
16구역

자료원: 각 조합

광명뉴타운 재개발 추진 현황 및 세대수(2020년 7월 기준)

구역명	추진 현황	시공사	계획 가구 수
광명1R구역	조합원 이주 중	포스코, 한화, GS	3,585
광명2R구역	철거 중	대우, 현대엔지니어링, 롯데	3,344
광명4R구역	조합원 이주 중	현대산업개발	1,957
광명5R구역	조합원 이주 중	현대, SK, GS	2,876
광명9R구역	관리처분계획 인가 준비 중	롯데	1,496
광명10R구역	석면 철거 조사 중	호반	1,051
광명11R구역	조합원 분양신청 준비	현대, 현대산업개발	4,367
광명12R구역	사업시행계획 인가	GS	2,117
광명14R구역	일반 분양 완료	대우, 한화	1,187
광명15R구역	일반 분양 완료	대우	1,335
광명16R구역	2단지: 2020년 11월 입주 예정 1단지: 2021년 3월 입주 예정	두산, GS	2,140

인천 주안 4구역

인천 주안 4구역은 관리처분 인가가 났을 때도 대중들이 그다지 관심을 갖지 않았다. 인천이란 지역 자체가 아주 오랫동안 부동산 측면에서 주목받은 적이 없다는 것이 가장 큰 이유였다. 신도시로 개발된 송도나 청라를 제외하고는 인천의 구도심이 사실상 관심을 받았던 적이 없었고, 어쩌다 잠시 주목을 받아도 결국 좋은 수익으로 귀결된 적이 없기에, 더욱 대중들의 관심에서는 멀어졌다. 그런데 그와 같은 대중들의 인식을 바꾸는 선두주자 역할을 한 곳이 바로 주안 4구역이라고 할 수 있다. 쉽게 말해 '인천도 투자 가치가 있네'라는 생각을 하게 만든 곳이다.

특히나 주안 4구역은 구도심 중에서 기반시설이 밀집해 있어 생활하기에도 편리한 거의 최초의 사례가 되었다. 이로써 구도심도 개발될 수 있음을 보여줬고, 또 구도심도 개발하면 매우 좋아질 수 있다는 것을 실제로 증명해낸 경우다.

이제는 가격도 너무 올라서 '인천이 이렇게 비싸도 되나' 싶을 정도가 되었다. 이 지역에도 낯설다는 이유로 아직 주목받지 못

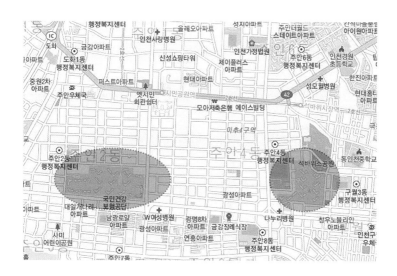

한 전용면적 38㎡, 49㎡ 아파트가 있다. 1가지 팁이라면, 이처럼 생소하면서도 희소한 평형의 아파트는 일단 그 지역이 대중의 주목을 받은 다음에 접근하는 것이 좋다. 어차피 입주 전까지는 대중의 눈에 크게 띄는 상황이 아니기 때문이다. 따라서 현시점에서는 중·장기적인 관점을 가지고 접근해 볼 만하다.

수원 팔달구역

수원 팔달구역은 2019년부터 세간의 주목을 받으며 가격이 급등하기 시작했다. 급기야 수원을 '조정지역'으로 만드는 데 실질적인 역할을 했다. 그만큼 수원 전역에 엄청난 파급력을 뻗히면서 지금까지도 대중의 관심이 가장 집중되고 있는 지역이 바로 팔달구역이다.

팔달구역도 주목받는 다른 지역과 거의 같은 공식을 가지고 있다. '역세권, 대규모 단지, 평지, 사업진행 과정상 막바지, 수원 일대의 드물었던 신규 공급' 등이다. 대중의 관심을 끌기에 충분한 요소, 특히 부동산 가격이 상승할 수밖에 없는 필수 요소들을 모조리 갖춘 셈이다. 이러한 장점이 반영돼 부동산 가격은 이미 상당히 오른 상태이기에, 중·장기적인 관점에서 접근하되, 틈새를 찾는 노력이 필요할 것이다.

수원 팔달구 재개발 현황

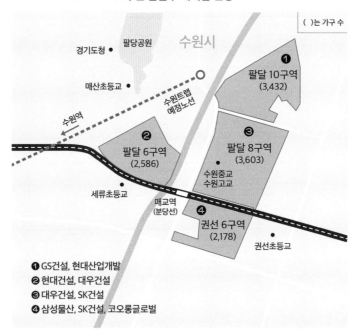

팔달 8구역은 수원 재개발의 대표 단지라고 할 수 있다. 이곳에는 전용면적 99m² 아파트가 있다. 전용면적 110m² 이하까지는 선호도가 꾸준할 것으로 예측되는 바, 관심을 가져볼 만하다. 또한 팔달 6구역에는 전용면적 49m² 아파트도 있다. 가치분석을 해보면 충분히 승산이 있는 금액임을 알 수 있다.

3장

신축과 구축
아파트,
그 격차는?

◆

　시간이 지날수록 신축과 구축 아파트의 가격 격차가 크게 벌어지고 있다. 다음 표를 보면 알 수 있듯, 헌 아파트의 가격이 26% 가까이 오를 때 새 아파트의 가격은 59% 넘게 올랐다. 이러한 현상이 그저 부동산 강세장에서만 나타나는 것일까? 신축 아파트 가격에 거품이 낀 걸까? 거품이라면 시간이 지날수록 거품이 꺼지면서 격차가 다시 좁혀질 것이고, 거품이 아니라면 이 정도 격차를 유지하거나 오히려 확대되는 쪽으로 갈 것이다.

구분	2015년 매매가 (3.3m²당)	2020년 매매가 (3.3m²당)	5년간 가격 상승률	가구당 평균 매매가
신축 아파트	1,080만 원	1,720만 원	59.26%	5억 7,122만 원
구축 아파트	942만 원	1,184만 원	25.82%	3억 7,714만 원

자료원: 이투데이 2020.6.19. 기사

우선, 신축 아파트와 구축 아파트의 차이점을 살펴보자. 알다시피 아파트의 신축과 구축을 나누는 건 준공 연수다. 일반적으로는 10년을 기준으로 한다. 당연히 신축은 모든 것이 새 것이므로 가격이 높고, 구축은 모든 것이 낡았기에 시장 가격이 낮다. 그런데 1가지 문제가 있다. 이로 인한 가격차가 어느 정도가 적절한지 정확히 알 수 없다는 것이다. 예를 들어, 자동차의 경우 새 차를 사서 2년 정도 타다가 중고시장에 내놓으면 절반 가격을 받을 수 있다. 고작 2년 사이에 감가상각이 상당한 것이다. 그러나 부동산은 다르다. 특히 아파트의 경우 준공된 지 2년이 지났다고 해서 절반 정도로 감가상각이 되지는 않는다. '토지'라는 절대적인 자산을 보유하고 있기 때문이다. 감가상각은커녕 오히려 가치가 올라가기까지 한다. 다른 모든 재화와는 완전히 다른 성질을 가지고 있는 것이다.

따라서 신축과 구축 아파트의 '적정한 가격차'를 찾을 수 없다고 보는 게 맞다. 보통의 재화들처럼 건물의 가치는 감가상각이 된다고 해도, 보유하고 있는 토지의 가치가 건물의 감가상각보다 얼마나 더 크게 성장할지 알 수 없기 때문이다. 그렇다면, 지금 부동산 시장에서 매겨진 신축과 구축의 가격차는 어떻게 책정된 것일까? 순전히 '수요'에 의해 정해진 것으로 봐야 한다. 즉, 좀 더 많은 사람이 새 아파트를 원하다 보니 신축의 가격이 그렇지 않은 구축보다 더 올라갔다고 봐야 하는 것이다. 이를 보면 미래에 대한 예측도 매우 간단할 수 있다. 앞으로 신축 아파트를 찾는 사람이 더 많아질 것인가, 줄어들 것인가를 생각해 보면 된다.

결론부터 말하면, 신축과 구축 아파트의 가격차는 앞으로도 더욱 벌어질 것이다. 물론 지역이나 상황(학군 혹은 재건축 예정 등)에 따라 다른 현상을 보이는 곳이 존재하겠지만, 일반적인 상황에서는 신축 아파트의 가격이 더 크게 오를 것으로 본다. 그 이유를 알고 싶은가? 그렇다면 가장 먼저 사람들이 왜 과거에 비해 신축 아파트를 더 많이 찾게 되었는지를 생각해 봐야 한다. 신축과 구축 아파트의 차이점은 대단히 많고 다양한 요소가 가격에 영향을 미치겠지만, 결정적인 것은 2가지 정도다. 하나는 평면의 변화, 또 다른 하나는 주차장이다.

평면의 변화는 특히 전용면적 $59\,m^2$에서 두드러진다. 구축 $59\,m^2$ 아파트는 대부분 방 2개에 화장실 1개로 구성되어 있다. 그러나 같은 평수 신축 아파트의 경우 모두 방 3개에 화장실 2개다. 이는 구축 아파트를 매입한 후 아무리 멋지게 인테리어를 해도 바꿀 수 없는 부분이다. 게다가 인구구조의 변화로 한 자녀 가정이 늘면서, 면적은 $59\,m^2$만 돼도 충분하다고 느끼는 사람들 역시 늘어난 것도 영향을 미친다.

1999년에 지어진 대치동 현대아파트의 전용면적 59㎡ 평면도. 방 2개와 화장실 1개를 갖춘 구축 아파트의 전형적인 구조다.

2020년 10월부터 입주가 시작된 안산 그랑시티자이2차 전용면적 59㎡ 아파트의 평면도. 최근 건설되는 59㎡ 아파트가 대개 이렇다. 방 3개와 화장실 2개, 드레스룸까지 갖춘 것은 물론 판상형으로 지어져 통풍도 잘 된다. 같은 면적 구축 아파트와 비교할 때, 같은 면적이라고 믿기지 않는 수준이다.

그다음은 주차장이다. 구축 아파트의 상당수는 이미 엄청난 주차 전쟁을 겪고 있다. 과거에 비해 자동차를 소유한 가구는 물론 한 가정에서 차를 2대 이상 가지고 있는 가구의 비율도 증가한 탓이다. 주차장이야말로 큰돈을 들여 인테리어를 하고 어떤 방법을 쓰더라도 바꿀 수 없는 구축 아파트의 치명적인 약점이다. 지하주차장 여부 역시 그 차이를 더욱 부각시킨다. 주차공간이 부족해서 매번 이웃들과 실랑이를 벌이는 것도 힘든 일이지만, 설령 주차공간이 넉넉해도 지하주차장이 없으면 차를 관리하는 게 대단히 힘들다. 사람마다 자동차를 소유하고 운행하는 시대에 추운 겨울과 덥고 습한 여름, 눈과 비로 인해 수시로 더러워지는 차량을 관리하는 일은 매우 번거롭고도 피곤한 일이다.

이러한 구축 아파트의 단점들을 들으며, '그러니 구축 아파트들이 리모델링을 하려는 것 아닌가?' 반문하고 싶을 수 있다. 그런데 그 리모델링이란 게 생각처럼 쉬운 일이 아니다. 중요한 것은 아파트 소유주들의 동의인데, 리모델링의 경우 이들의 동의를 충분히 이끌어내는 것이 재건축보다 어려울 때가 많다. 증축이 허용된다고 해도 결국 소유주들이 들여야 할 추가분담금이 상당하기 때문이다. 리모델링에 적지 않은 돈을 들여야 하는 상황에서 소유주들의 생각을 일치시키기란 여간 힘든 게 아니다. 어떤 집은 이미 개별적인 인테리어를 끝내서 리모델링을 할 필요를 못 느낄 수도 있고, 어떤 집은 경제적 사정이 어려워서 추가

분담금을 낼 수 없을 수도 있다. 또 누군가는 그냥 이대로 사는데 큰 불편을 느끼지 않아서 오히려 리모델링 기간 동안 이사할 집을 구해서 살다가 다시 돌아오는 일 자체를 귀찮게 여길 수도 있다. 아무리 리모델링이 끝난 뒤 아파트의 가치가 올라간다고 해도, 그때까지 감수해야 할 여러 불편을 모든 사람이 감수하며 동의하기가 쉽지 않은 것이다.

이러한 이유로 소비자들의 시선은 신축 아파트로 쏠리게 되었고, 가격이 많이 비싸더라도 기왕이면 신축을 사려고 하게 되었다. 그리고 여기에 또 하나가 더 있다. 앞서 설명한 것들은 신축과 구축 아파트의 외형적인 차이였지만, 사회구조도 한몫하고 있다. 그건 바로, 아파트를 구입하는 계층이 거의 30~40대라는 점이다. 이게 무슨 특별한 점인가 싶을 수도 있다. 하지만 이 역시 과거와는 달라진 것이다. 예전에는 아파트 매수에 50대까지 참여했다. 그때만 해도 보다 오랜 기간 경제활동을 이어갈 수 있었고, 자녀들 역시 결혼 전까지는 부모와 함께 거주했기 때문이다. 그러나 요즘 부동산 시장에서 50대 이상의 매수자가 급격히 사라지고 있다. 경제적 지출이 가장 커지는 시기이기도 하고, 이미 자녀들이 유학이나 기숙학원, 독립 등의 이유로 부모의 곁을 떠나는 경우가 많아져서다.

결국 집이 필요한 주력 세대는 30~40대다. 이들은 대개 자녀

는 많지 않고, 차량을 소유하고 있으며, 맞벌이다. 쾌적한 주거환
경과 뛰어난 보안과 안전, 효율적인 공간 등을 원하는 이 세대들
이 신축 아파트를 선호하는 것이다.

물론, 신축과 구축 아파트의 가격 격차가 점점 벌어지는 데는
또 다른 이유도 있다. 바로 대중들에게 구축에 비해 신축 아파트
의 가격이 더 많이 오른다는 믿음이 생겼기 때문이다. 물론 이는
대중심리에 의한 것이기에 언제든지 상황이 바뀔 수 있으므로
자세히는 언급하지 않겠다.

그렇다면 이러한 상황에서 코로나가 어떤 영향을 미칠까? 한
마디로, 이 같은 현상을 더욱 가속화시킬 것이다. 우선 아파트의
구매세력은 바뀌지 않았다. 50대 이상의 세대들 중 아파트를 구
매해야 할 필요를 느끼고 있는 사람은 많지 않다. 이미 아파트를
가지고 있는 경우라면 굳이 새로운 아파트를 매수할 이유가 없
고, 원래부터 아파트가 없는 경우라면 굳이 지금 매수할 필요가
없는 상황이 되었다. 50대만 돼도 부동산 시장에서 중요한 구매
세력이 아니라는 말이다.

앞으로 부동산 시장의 주요 구매세력으로 더욱 부각될 세대는
단연 30~40대다. 이들은 부부 사이에 한 자녀 정도를 두고 맞벌
이를 하는데, 코로나 때문에 재택근무를 자주 하게 되었다. 상황

이 이렇다 보니, 거실보다는 개인 공간이 더욱 중요하고 넓은 공간보다는 효율적인 공간이 더 필요하게 되었다. 이 같은 욕구를 충족시켜주는 것이 신축 아파트이기 때문에 좀 더 눈에 띄고 마음이 갈 수밖에 없다.

주차 문제는 또 어떤가? 근무환경이 유연해짐에 따라 다양한 공간에서 업무를 할 수 있게 되고, 기존 출·퇴근 시간과 무관하게 일할 수 있다 보니, 교통혼잡을 피해 개인 차량을 이용하는 일도 잦아질 수 있다. 그렇다면 주차공간이야말로 매우 중요한 요소가 된다. 주차를 하기 위해서 공간을 찾아 이러저리 방황해야 한다든가, 외출할 때마다 전화해서 차 좀 빼달라고 이웃을 불러내거나 나 역시 누군가의 부름을 받고 차를 이동시켜야 하는 상황이 지속된다면 대단히 피곤할 수밖에 없다. 만약 근무시간이 유연해지면, 남들이 자는 시간에 출근하거나 남들이 퇴근하는 시간에 출근하는 사람도 과거에 비해 늘어날 것이다. 그러면 보안 문제도 매우 중요해진다. 어두운 주차장에서 종종 발생하는 불미스러운 사고를 고려하면 새 아파트의 주차 시스템 역시 중요한 선택 기준이 될 것이다.

그리고 또 하나가 더 있다. 다소 대담한 예측을 해보자면, 이제 새롭게 지어질 신축 아파트의 경우 배달과 택배 시스템에서 좀 더 획기적인 설계가 나올 것이다. 이미 많은 신축 아파트가 따로 택배함을 갖고 있지만, 이제는 이러한 무인 택배함도 불편해졌다. 바로 집 앞까지 물건을 배송해 주는 서비스가 늘었기 때문이다. 배달 역시 그렇다. 코로나로 인해 배달의 수준은 한 단계 더 업그레이드될 것이다. 코로나 이전에 비해 배달 수요가 어마어마하게 증가했으니 당연하다. 배달 음식의 수준, 배달 음식의 종류, 배달의 방법 등이 모두 한 단계 발전할 수밖에 없다.

택배와 배달 서비스의 미래가 어떻게 될지에 관해서는 다양한 목소리가 나오고 있는데, 그중에서도 홍익대학교 유현준 교수가

신축 아파트의 경우 일반적으로 무인 택배함 시스템을 갖추고 있으나, 구축 아파트의 경우 택배를 받는 일조차 불편하다. 단, 신축 아파트 중에도 입지상에 문제가 있거나 세대수가 적어 택배 서비스에서 소외되는 경우가 있다.

대담한 제안을 했다. 그는 배송전용 지하도로 건설을 주장하는데, 들어보면 충분히 일리 있어 보인다. 실제로 3기 신도시에 배송전용 지하도로 건립 이야기가 나오고 있다. 정말 그렇게 된다면 배송은 더 빠르고 더 안전하고 더 편안하게 이뤄져, 바로 내 집 현관문에서 음식과 물건을 받을 수 있는 날이 도래할 것이다. 어떤 형태가 되었든 코로나 이후 택배와 배달 서비스가 점점 발달하리란 것은 기정사실화되었다. 아마존이 드론과 공중선을 통한 배달을 위해 공중터미널 건설을 구상하고 있다는 것은 이미 알려진 이야기다.

택배와 배달 음식을 소비자의 집 앞까지 전달하는 시스템도 중요하지만, 이를 소비자가 받는 시스템 역시 매우 획기적으로 변해야만 그 효과가 증대될 수 있다. 예를 들자면, 배달기사가 각 집까지 물건을 배달하는 게 아니라, 물건을 아파트의 정해진 공간에 넣어두기만 하면 각 집의 현관문 앞으로 배송되는 아파트 단지가 있다면 어떨까? 그렇다면 우선, 택배와 배달 서비스업에 대한 선호도가 올라갈 것이다. 이는 소비자 입장에서 볼 때 좀 더 빠르고 안전하게 물건을 받을 수 있다는 의미다. 건물 설계 측면에서도 그다지 어려운 일은 아닐 것 같다. 엘리베이터를 운용하는 것보다는 더 간단한 기술을 요하지 않을까? 다만, 이미 건축된 아파트에 도입하기는 힘들 것이고, 새로 지을 아파트라면 가능할 것이다.

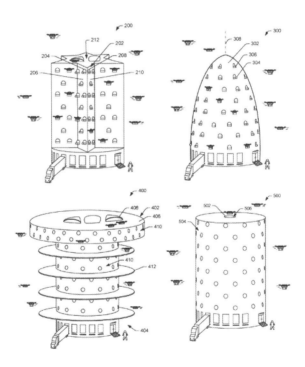

아마존의 공중선과 구상 중인 공중물류센터. 공중에 물류 비행기를 띄운 후 여러 지역을 돌며 각 집에 물건을 배송하거나, 지역마다 벌집 모양의 공중물류센터를 만들어서 드론이 왔다 갔다 하면서 물건을 배달하는 시스템을 구상하고 있다.　　　　　자료원: 아마존 홈페이지

지금도 구축 아파트 중에는 택배와 배달 서비스를 누리기 힘든 곳이 있다. 택배기사들이 꺼리기 때문이다. 주차의 어려움, 배송 소요시간 대비 적은 배송량, 접근성의 어려움 등이 이유다. 이제 택배와 배달 서비스가 없는 생활은 상상할 수조차 없게 된 30~40대가 어떤 선택을 할지는 불 보듯 빠하다. 이에 따라 신축 아파트에 대한 선호도는 계속 증가할 것이고, 그만큼 구축 아파트와의 가격 격차도 더욱 벌어질 것이다.

물론, 간혹 '구축 아파트의 가격이 더 올랐다' '구축 아파트의 반란' '구축 아파트, 미운 오리 새끼에서 벗어나다' 같은 제목이 달린 기사를 접할 때도 있다. 그간 소외되기만 하던 구축 아파트의 가격이 크게 올랐다는 이야기를 들으면, 아직 가격이 오르지 않은 구축 아파트를 지금이라도 사두면 자산가치가 크게 상승하지 않을까 싶을 수 있다. 하지만 그렇지 않다.

구축 아파트의 가격이 많이 상승한 것은 전형적인 '키 맞추기' 현상 때문이다. 적절한 수준이라는 것이 있으니 그렇다. 예를 들어, 만약 어느 지역 신축 아파트의 매매가격이 10억 원인데, 비슷한 조건의 구축 아파트의 매매가격이 5억 원이라고 하자. 그런데 시간이 흘러 부동산 상승장에서 신축 아파트의 매매가격이 20억 원이 되었다면, 구축 아파트의 기존 5억 원이란 가격이 아무리 단점을 감안한다고 해도 너무 싸게 느껴진다. 따라서 가격의 격차를 어느 정도 줄이는 차원에서 가격이 상승해 7억 원까지 될 수 있다. 5억 원짜리 구축 아파트의 가격이 2억 원 뛰는 상황만 보면 일시적으로 구축 아파트가 더 오른 것처럼 보이기도 하고, 구축도 가격 상승이 꾸준한 것처럼 비칠 수도 있다. 그러나 중·장기적으로 보면, 가격의 흐름이 지속적으로 우상향한다기보다 한동안 정체되었다가 일시적으로 상승하고, 다시 한동안 정체되다가 일시적으로 상승하는 것이 일반적이다.

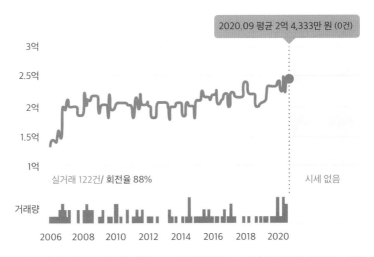

수원 모 아파트의 14년간 시세 변화. 1989년에 준공된 500세대 이하의 이 아파트는 대중의 관심과는 멀리 떨어져 있는 대상이다. 이런 아파트도 일시적으로 가격이 상승한 때가 있었다. 다만, 중·장기적으로 볼 때 안정적인 우상향이라고 볼 수 없으며, 지속적으로 가격이 오르내리기를 반복하는 모양새다.

자료원: 국통교통부 실거래가

무엇보다 중요한 문제는 아파트를 매도하고 싶을 때 매수해 줄 사람이 있는가 하는 것이다. 앞서 주택을 구입하는 계층이 30~40대라고 했는데, 이들이야말로 4차 산업혁명의 변화에 직면한 세대다. 인류 역사가 증명하듯 '혁명적 변화'의 시기에는 과거의 문법이 다시 통하지 않는 상황으로 변화한다. 그러니 구축 아파트를 매수해 줄 사람은 더더욱 없어질 것으로 봐야 한다. 신축 아파트는 이미 너무 비싸게 느껴질 정도로 가격이 오른 게 사실이지만, 그렇다고 이런 분위기가 바뀌거나 신축과 구축의 격차가 좁혀질 것으로 기대하는 건 시대에 역행하는 것이나 다름없다. 이때 좀 더 현명한 투자자라면, 미래 가치에 비해 가격이 아직까지 덜 오른 듯 보이는 신축 아파트에 집중할 것이다.

주목할 만한 신축 아파트

서울 성북구 일대

서울 강북권의 대단지 신축 아파트라면 일단 관심을 가져볼 만하다. 중기적으로 강남의 아파트들과의 격차를 줄여갈 것이기 때문이다. 이미 이러한 흐름은 시작됐다. 각종 매스컴들이 '마용성(마포, 용산, 성동)' '노도강(노원, 도봉, 강북)' '금관구(금천, 관악, 구로)'처럼 이름을 붙여서 거론하는 지역들이 있다. 왜 이들을 주목하는지는 과거 강남이 어떤 이유로 주목받았는지 역으로 생각해 보면 알 수 있다. 앞에서 설명했듯, 강남이 주목받게 된 데는 쾌적한 교통환경과 함께 평지라는 지리적 요인이 주효했다. 그런데 강북 지역은 경사지가 많아 개발이 제한적이고, 사통팔달로 교통이 편리하게 연결되기 어렵다는 단점이 있었다.

그런데 경사지라는 강북의 단점이 상당히 해결되었다. 과거에는 경사지에 아파트를 건설할 경우 그 지형 그대로 활용할 수밖에 없었다. 당연히 아파트 단지 내에서도 경사가 심해서 거주와 생활에 여러 불편을 감수해야 했다. 하지만 이제는 경사지에 아파트를 건설한다고 해도, 단지 내부는 평지로 만들어서 짓는다. 쉽게 말해, 계단형으로 아파트를 세우는 것이다. 따라서 과거의 경사지에서 겪어야 했던 불편함이 사라졌다.

자료원: 마포래미안푸르지오 분양 홍보자료

강북의 대표 단지인 마포래미안푸르지오의 조감도. 원래는 서울의 달동네로 유명한 지역인 데다 경사도 매우 심해서 과연 대중의 관심을 끌 수 있을까 회의적이었지만, 지금은 강북의 대장단지로 자리매김했다. 총 4개의 단지로 구성되어 있는데, 각 단지마다 층을 두어서 내부에 들어가면 거의 평지이고, 다른 단지로 이동할 때는 계단 등을 이용할 수 있게 설계했다. 이를 시작으로, 이후부터 경사지의 아파트 단지들은 모두 계단식 건설을 통해 단지 내부를 평지로 만드는 방식으로 조성되었다.

경사지의 불편함이 해결되자, 강북에 대규모 단지들이 빠르게 건립되었다. 도로 문제 역시 의외로 빠르게 해결됐다. 대규모로 주거단지를 개발할 경우 도로나 공원 용도로 상당한 토지를 기부체납해야 하는데, 덕분에 기존의 열악한 교통 문제를 개선할 수 있는 도로들이 생기면서 교통 흐름이 좋아진 것이다. 그사이 전철 역시 더욱 촘촘하게 연결됐다. 도로는 물론 다른 교통수단까지 개선된 셈이다. 조금 과장하자면, 서울의 강북이 이제 강남 같아지기 시작한 것이다. 그런데 가격은 어떤가?

단지명	준공일	세대수	전용 84m² 매매가
개포동 래미안블래스티지	2019.02	1,957	26억 원
길음동 래미안센터피스	2019.02	2,352	15억 원
가격 할인율			42%

강북의 아파트 가격이 강남의 아파트 가격의 절반에 가깝다. 주거환경의 쾌적함이나 편리성, 기반시설 등에서 큰 차이가 없는데도 이렇다는 것은 변화된 강북의 가치를 아직은 대중이 인식하지 못하고 있다고 봐야 한다. 특히 성북구 아파트의 경우, 입지가 좋은데도 상대적으로 주목을 덜 받았기에 앞으로 신축 아파트 위주로 관심받을 가능성이 크다.

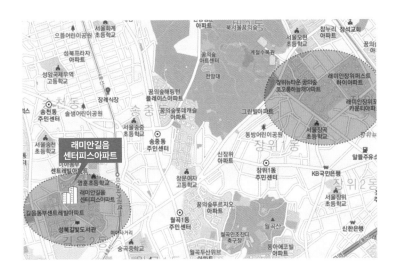

물론, 학군 문제가 남아 있다. 그러나 알다시피 코로나로 인해 '온라인 교육'이 대단히 활성화됐고 앞으로도 더욱 발전할 것이다. 예전의 온라인 교육이 그저 최고 강사의 수업을 저렴하게 들을 수 있는 도구였다면, 코로나 이후의 온라인 교육은 선생님이 학생과 소통하고 관리까지 할 수 있는 완벽한 수준으로 변해갈 것이다. 이로 인해 지역적인 교육의 격차도 상당 부분 해소되리라 본다.

그렇다면 중기적으로 볼 때 강북의 대단지 신축 아파트는 강남과 어느 정도의 격차까지 좁혀질까? 약 20% 정도 좁혀질 것으로 본다. 앞서 설명했듯 강북의 여러 문제가 해결되어 강남만이 가지고 있던 특수성이 사라진다면, 강북의 단점은 반듯하지 않은 길이나 아직 개발이 덜 된 거리 정도만 남는다. 그 정도라면 가격을 20% 정도 할인해 주는 것이 적절할 것이다.

서울 동대문구 일대

동대문구의 핵심 지역은 역시 청량리역이다. 매스컴에 수도 없이 언급되고 소개되어 많은 이에게 익숙한 곳이지만, 그에 비하면 변화의 속도는 굉장히 느리다. 청량리역은 GTX B, C선이 교차하고, 동서간 KTX가 통과하고, 분당선이 닿아 있다. 거기에 주변에는 65층짜리 대규모 아파트 단지가 들어선다. 그래서 나는 이렇게 표현한다. '용산의 재현.' 2005년과 2006년 당시 많은 사람의 관심이 강남에만 쏠려 있을 때, 내가 용산의 미래 가치에 대해 이야기하자 대다수의 사람은 미심쩍은 표정을 지었다. 하지만 개발된 후 용산의 가치는 급격히 치솟았다. 나는 청량리가 용산이 간 길을 거의 비슷하게 걸어갈 것으로 본다.

문제는 청량리 일대의 아파트들도 이미 가격이 많이 올랐고, 무엇보다 투자로 접근하기에는 들여야 할 비용 자체가 상당히 크다는 것이다. 다만 청량리의 변신이 미치는 영향이 청량리에서 그치지 않고, 주변 일대에 크나큰 영향을 줄 것이라는 걸 기억할 필요가 있겠다.

그런 의미에서 답십리 일대의 대규모 신축 단지와 관리처분

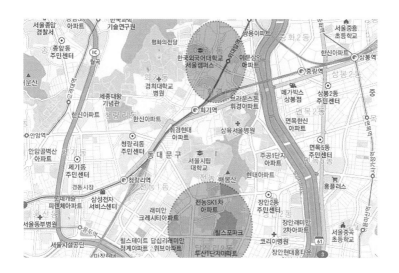

인가가 난 이문 1, 3구역 등은 관심을 가질 만하다. 결국 청량리
가 개발되고 나면, 강남과의 가격 격차를 줄이는 속도가 더욱 빨
라질 것이기 때문이다.

은평구 수색증산 뉴타운

서울시 은평구의 수색증산 뉴타운은 이미 상당히 많은 가구가
분양되었으므로 불과 몇 년 뒤면 대규모의 아파트 단지로 탈바
꿈될 것이다. 아직 분양하지 않은 증산구역까지 포함한다면, 총
1만 세대가 넘는 대규모 단지가 된다. 쾌적한 주거환경과 각종
편의시설 등이 충분히 확보될 거라는 이야기다. 게다가 트리플
역세권에, 강북에서 가장 핵심 지역으로 꼽히는 마포와도 거리
가 가깝다. 그에 비해 가격은 아직까진 저렴한 편이다.

단지명	준공일	세대수	전용 84m² 매매가
개포동 래미안블래스티지	2019.02	1,957	26억 원
수색동 DMC SKVIEW	2021.10 예정	753	13억 원
가격 할인율			50%

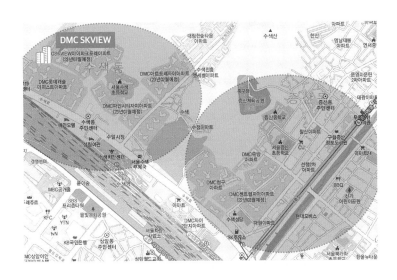

4장

비상을
시작하는
지방 거점도시

◆

우리나라 지방 도시의 부동산은 어떻게 될까? 일부에서는 앞으로 지방 부동산은 몰락할 것이라는 전망을 내놓기도 한다. 그들은 자꾸만 올라가는 인구의 수도권 집중도를 근거로 든다. 대한민국은 인구 절반이 수도권에 살고 있고, 이는 전 세계적으로 봐도 거의 가장 높은 수준이다.

이렇게 된 이유를 생각해 볼 필요가 있다. 뭐니 뭐니 해도 일자리 때문이다. 서울과 수도권에 일자리가 집중되어 있으니 직장을 구하기 위해서 사람들이 몰려오게 된 것이다. 그렇다면, 일자리가 변하면 어떻게 될까? 바로 여기에 포인트가 있다! 지금까지는 서울과 수도권에 일자리와 교육이 집중되어 있어서 인구가 수도권으로 몰려들 수밖에 없었지만, 코로나 이후엔 상황이 매

국가별 도시 인구집중도

순위	국가명	인구수	도시명	인구수	인구집중도 비율
1	아랍에미리트	9,682,088	두바이-샤르자	5,300,000	54.74%
2	한국	51,801,449	서울	25,514,000	49.25%
3	네덜란드	17,084,000	란스타드	8,219,380	48.11%
4	칠레	18,197,000	산티아고	6,683,852	36.73%
5	페루	32,933,835	리마	9,886,647	30.02%
6	대만	23,537,000	타이베이-기룽	7,045,488	29.93%
7	일본	127,185,000	도쿄	37,832,892	29.75%
8	아르헨티나	44,689,000	부에노스아이레스	13,074,000	29.26%
9	필리핀	106,512,074	마닐라	24,650,000	23.14%
10	사우디아라비아	34,140,662	리야드	7,739,570	22.67%

자료원: List of metropolitan areas by population

우 달라진다. 직장이 이동한다는 것이 아니라, 직장은 기존 위치에 그대로 있다 해도 그곳에 직장인들이 매일 출근할 필요가 없어지는 것이다.

또 몇 년 전부터 정부는 서울과 수도권으로 몰리는 인구를 분산시키기 위해 공공기관의 지방 이전을 추진했다. 다만 정부의 처음 의도처럼 진행되지 않았다. 공공기관과 소속 근무자들은 지방으로 이전했지만, 근무자의 가족은 함께 가지 않은 것이다. 특히 근무지를 따라 내려간 이들도 지방에서 일해야 하는 일정

'의무기간'만 채운 뒤에는 다시 서울로 올라올 계획을 세우는 이가 다수였다. 이 때문에 지방에 정착하는 인구는 많지 않았다. 그들은 왜 지방에 정착하지 않은 것일까? 교육과 인맥의 영향이 가장 크다. 지방은 교육 여건이 좋지 않다거나 좋은 인맥을 쌓기에 불리하다는 선입견이 크게 작용한 것이다.

자, 그럼 코로나 이후에는 어떨까? 우선 '줌Zoom' 같은 비대면 화상회의 프로그램 사용이 일상화된 현재 상황을 생각해 보자. 여러 사람이 화면을 통해 동시에 회의할 수 있는 기술은 이미 2000년대 IT붐이 일어났을 때부터 이야기가 나와 실제로 금세 구현 가능하게 되었다. 그러나 대다수의 사람은 이러한 기술과 프로그램이 있어도 굳이 사용할 필요성을 느끼지 못했다. 하지만 상황이 달라졌다. 여러 사람이 직접 대면할 수 없게 되자 어쩔 수 없이 줌을 사용하게 되었고, 처음에는 다소 불편했으나 이젠 자주 사용하다 보니 별로 불편하지 않게 됐다. 그뿐인가? 많은 사람이 프로그램을 이용하게 되면서 느끼는 불편함을 토로하면서 문제를 빠르게 개선하게 되었고, 이로 인해 관련 기술은 더욱 발전하게 되었다. 이제는 대면회의나 화상회의나 별반 차이가 없을 정도로 익숙해진 것이다.

이제서야 비로소 진짜 혁명이 일어난 것이다. 정부가 아무리 '인구 분산'을 위해 의도적으로 사람들을 지방으로 내려보내려고 해도 쉽지 않았던 일이 가능해지는 상황이 도래한 것이다. 화상회의 프로그램 같은 기술이 발전하면 교육이나 인맥 등의 문제도 어느 정도 해결 가능하기 때문이다. 특히나 이러한 시대 변화를 예견이라도 한 것처럼, 정부가 앞서 혁신도시와 기업도시의 건설을 추진해, 2017년까지 지방의 거점도시를 완공시켜 놓은 상황이다.

다만 이러한 의문이 들 수 있다. 코로나 이후에 지방 도시가 발

혁신 도시 10곳 현황

강원 원주
345만 m²
도로교통안전관리공단 등 13개
10,086가구
31,000명

충북 진천
690만 m²
한국가스공사 등 12개
13,832가구
42,000명

전북 전주
925만 m²
한국가스공사 등 12개
8,630가구
30,000명

광주·전남 나주
757만 m²
한국전력공사 등 18개
13,133가구
50,000명

대구 신서
440만 m²
한국가스공사 등 11개
7,074가구
23,000명

울산 우정
277만 m²
근로복지공단 등 11개
6,193가구
20,000명

부산 문현·대연
214만 m²
한국자산관리공사 등 12개
2,304가구
7,000명

제주 서귀포 서호동
114만 m²
한국국제교류재단 등 8개
1,684가구
5,000명

경남 진주
416만 m²
LH 등 12개
10,453가구
38,000명

경북 김천
347만 m²
한국도로공사 등 13개
9,407가구
26,000명

지역명
면적
이전기관
예정 공동주택 수
예정 인구

자료원: 국토교통부

전환 가능성이 있다면, 굳이 혁신도시 같은 곳이어야 하는가? 지방마다 거점도시들이 있고 그곳들은 이미 많은 기반시설을 구비하고 있으니 사람들이 이곳으로 몰리지 않을까? 그러나 그렇지 않다. 앞에서도 말했지만, 이제 부동산을 매수하는 주세력이 30~40대라는 걸 기억해야 한다. 아무리 지방에 거주하면서 일주일에 몇 번만 직장에 나가도 된다 해도, 이들에게 중요한 것은 자녀교육과 쾌적한 환경, 풍부한 기반시설이라는 건 변치 않는다. 과거의 서울 강북과 강남을 생각해 보면 이해할 수 있다. 많은 사람이 쾌적한 환경과 편리함 그리고 좋은 교육 여건을 갖춘 강남에 살고 싶어 했다. 지방에 거주하게 될 사람들도 구도심보다는 쾌적하고 최첨단 기술이 적용된 혁신도시나 기업도시에 살고 싶어 할 것이다.

남은 건 지방의 혁신도시와 기업도시로의 이전에 가장 큰 걸림돌로 꼽히는 자녀교육과 인맥 문제이다. 이를 해결할 수 있을까? 교육 여건은 나날이 발전할 온라인 교육 수단으로 그 격차를 어떻게든 좁힐 수 있을지 모르지만, 인맥 문제까지 해결될까? 아무 거리낌 없이 지방 거점도시로의 이전을 결정할 만큼의 유인 요인이 생길 수 있을까?

자녀를 키우는 부모라면 모두 자신의 아이가 좋은 인맥을 쌓길 바랄 것이다. 기왕이면 내 아이가 좋은 가정환경에서 부모의 사랑을 듬뿍 받으면서 성장해 바른 인성을 갖춘 아이, 기왕이면 학벌도 좋고 든든한 직장을 다니는 부모 아래서 안정감 있게 자란 아이와 어울렸으면 좋겠다 싶은 것이 모든 부모의 마음이다. 안타까운 현실이긴 하지만, 모 아파트에서 같은 단지 내 임대동과의 연결로에 울타리를 쳤다는 이야기가 놀랄 일도 아닌 것이다. 그런 부모들이 잘했다는 말이 아니라, 그만큼 부모들이 자녀 양육에 있어서 '인맥 형성'을 중시한다는 이야기다. 대부분의 부모는 자신의 아이가 비슷한 수준, 아니 그보다 나은 수준의 친구와 어울리며 인맥을 쌓길 원한다.

이러한 이유로 부동산에서 '학군'이 미치는 영향을 무시할 수 없다. 실제로 수원의 영통 같은 지역은 대형 평형이 많은 부자 동네가 아닌데도 학구열이 대단히 높은 것으로 유명하다. 이유가 무엇일까? 영통에 사는 사람들이 대부분 삼성전자 직원이기 때문이다. 삼성전자에서 일할 정도라면 일단 학력이나 교양 수준이 높을 것이고, 사회적으로 중산층에 속한 이들의 자녀가 모여 있으니 자연스럽게 면학 분위기가 조성된다. 그러니 부모 입장에선 비슷한 수준의 친구들이 서로 어울릴 것으로 믿으며 한결 마음을 놓게 되는 것이다.

물론, 역으로 살펴볼 수도 있다. 오로지 '공부만이 살 길'이라고 생각하는 부모들이 모여 있으니, 자녀의 인생에 다른 대안들을 생각해 보지 않고 학구열만 불태우는 것도 사실이다. 그럼에도 그곳에 거주하는 부모들은 이러한 분위기에 만족한다. 자녀를 창의적으로 키워야 한다고 생각은 하면서도, '공부하는 길'을 가고 있는 자녀의 모습을 보면서 마음의 안정을 찾는 것이다.

이처럼 학군의 의미를 잘 더듬어보면 그동안 왜 지방의 혁신도시들이 제대로 자리 잡지 못했는지 이해할 수 있다. 부모들이 그곳에서 자녀에게 좋은 인맥을 만들어줄 수 없을 것으로 판단한 것이다. 제일 먼저 사회적으로 중산층에 속하는 이들이 정착하지 못했다. 수도권에서 이주한 이들은 어떻게든 의무기간만 채우고 돌아갈 생각을 했고, 지방에서 혁신도시로의 진입을 생각한 이들은 도시가 안정적으로 자리 잡을 때까지 이주를 미루고 있었다.

이 역시 코로나 이후에는 상황이 달라질 것으로 본다. 굳이 수도권에 살아야 할 이유가 없다고 생각하는 이들이 증가할 것이고, 이에 따라 가족 전체가 지방으로 이주하는 사례가 점차 많아질 것이다. 무엇보다 이들은 일자리가 있고, 환경이 쾌적하고, 첨단시설까지 갖춘 혁신도시와 기업도시로 이사할 것이다. 그렇게 된다면 '좋은 인맥'이 만들어질 가능성 또한 커진다. 이에 이주를 미루고 있던 지방의 중산층 이상의 사람들까지 혁신도시와 기업도시로의 진입을 서두르리라 본다.

단, 이와 같은 일들이 하루아침에 이뤄지는 것은 아니다. 그럼에도 그 과정에서 지방의 기업도시와 혁신도시의 부동산 가격은 빠르게 상승할 것이다. 그렇게 되면 어떤 변화가 생길까? 수도권에 거주하는 이들의 입장에서는 이러한 도시의 주택들이 저렴하게 느껴지겠지만, 지방에 거주 중인 이들 입장에서는 '너무 비싼 도시'가 될 것이다. 이러한 이유로 주변 도시에 거주하는 사람들을 쉽게 빨아들이지는 못하겠지만, 주변 거주자들 사이에서 지방의 신도시는 새로운 로망으로 부각될 것이다. 이들 도시가 지방의 '강남' 같은 역할을 하게 될 거란 이야기다. 과거 50년 동안 강남이 서울 거주자들의 로망이 되었듯이, 이제 지방의 신도시는 그 주변 사람들의 로망이 될 것이다. 그러한 과정을 거쳐 꽤 '괜찮은' 이들이 모인다면, 학군이 생기고 좋은 인맥이 탄생한다. 그리고 다시 좋은 학군과 인맥에 대한 소문이 돌고 자꾸만 주변 지역의 사람들을 빨아들이면서 도시의 기능은 더욱 고도화되기 시작할 것이다.

　물론, 그렇다고 해서 지방의 혁신도시가 서울처럼 되는 것은 아니다. 아무리 도시 기능이 고도화되고 인기가 높아진다 해도 지방 도시들이 갖고 있는 장점, 즉 맑은 공기와 친자연적인 주서 환경, 교통혼잡 없는 거리와 편리한 주차 등 번잡스럽지 않은 여유로움은 여전히 유지될 것이라는 뜻이다. 다만, 내가 코로나 이후의 대한민국 부동산을 이야기하며 이 시점에서 이들을 특별히 주목하는 건, 지방 혁신도시가 성장할 수 있는 충분한 여건이 갖춰졌기 때문이다.

앞서 말했듯, 지방의 혁신도시들은 이미 인프라를 거의 확보했음에도 제대로 자리 잡지 못하고 있었다. 어쩌면 유령도시화될 뻔한 위기 상황도 있었다. 그러나 오히려 코로나로 인해서 지방 혁신도시들은 새롭게 평가받으면서 그 가치가 지속적으로 올라갈 절호의 기회를 맞이했다.

주목할 만한 지방 혁신도시

전주 에코시티

전주는 에코시티를 마지막으로 혁신도시 건설을 모두 완성했다. 전주는 가족 동반 이주 비율이 전국 2위를 기록할 정도로 이미 좋은 인프라가 형성된 곳이다. 게다가 에코시티도 몇 개의 필지를 제외하고는 거의 준공된 상태다.

이에 따라 가장 최근 지어진 에코시티를 중심으로 많은 가격 상승이 있었다. 다만 어느 정도가 적정한 가격 수준일까 하는 차원에서 다시 한번 가치를 따져본다면, 천안의 불당동이 비교할 만한 대상이 될 것 같다. 인구가 100만 명이 넘는 도시는 거의 모두 광역시로 지정되었는데, 인구가 100만 명이 넘지 않는 도시 중에서 가장 빠르게 신도시를 만들었던 곳이 천안이고, 불당동

단지명	준공일	세대수	전용 84m² 매매가
천안 불당 호반써밋플레이스	2017.01	573	7억 5,000만 원
전주 에코시티 더샵2차	2018.01	702	5억 원
가격 할인율			33%

이었기 때문이다. 따라서 불당동의 사례와 가격을 통해 전주 에코시티의 적절한 가치를 짐작할 수 있을 것으로 본다. 불당동의 경우 2018년까지 입주물량이 있긴 했지만, 실제로 신도시가 완공되었음을 체감할 수 있게 된 것은 2017년이었다. 그 후로 약 3년이 지난 지금이야말로 도시의 수준을 좀 더 객관적으로 평가할 수 있는 시점이라 할 수 있겠다.

천안 불당동의 가격흐름을 보면, 분양 당시부터 입주 시점까지는 가격이 상당히 상승했지만, 입주 후부터 2018년까지는 오히려 내리막을 걸었다는 것을 알 수 있다. 가격이 너무 많이 오른 탓도 있고, 천안에 물량이 많았던 이유도 한몫했다. 그리고 전체적으로 부동산 시장이 좋지 않았던 것도 빼놓을 수 없는 이유다. 이런 여러 가지 변수들이 있었지만, 도시가 완성된 지 3년 정도 지났고 천안의 공급물량도 많이 사라진 데다 시장의 흐름도 나쁘지 않은 상태이니, 이제 해당 도시의 가치를 판단하기에 적절한 시점이 아닐까 싶다.

이러한 이유로 천안의 불당동이 현재 지방의 거점도시들의 가치를 평가할 때 중요한 기준이 될 수 있다. 불당동과 비교했을 때 전주 에코시티가 아직 30% 정도의 가격 할인율을 보인다는 건, 향후 추가적인 상승 여지가 있다고 볼 수 있다. 보수적으로 봐도, 할인율을 20% 수준으로 좁힐 때까지는 무난히 가격이 상승할 것이다.

천안과 전주의 가격 격차를 왜 20% 수준으로 보는 걸까? 과거 천안과 전주의 부동산 가치가 한동안 오르지 않던 때 이 두 지역의 가격 차이가 그 정도였기 때문이다. 물론, 과거의 잣대를 그대로 갖다 댈 수는 없으나, 역사적인 근거는 참고할 만한 의미가 있다. 중기적으로는 천안 부동산 역시 가격 상승의 여지가 있다고 보기에, 전주 에코시티의 경우 천안과의 가격 격차를 줄이는 것과 동시에 천안의 가격 상승도 따라갈 것이다.

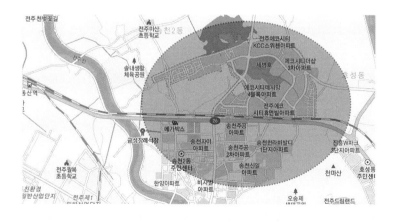

원주 기업도시

강원도 원주에는 혁신도시와 기업도시가 있다. 두 도시 모두 점점 그 가치가 높아질 것으로 보지만, 우선은 도시가 제대로 구성되어 있는 기업도시부터 좀 더 빠르게 움직일 것이다.

원주 기업도시의 가장 큰 장점은 전국에서 비슷한 인구 규모(30만 명)를 갖춘 도시들 중에서 부동산 가격이 가장 저렴하다는 것이다. 그만큼 아직까지는 저평가된 상태라고 볼 수 있다. 게다가 원주는 사실상 수도권이라고 해도 과언이 아닐 정도로 서울과 거리상 가까운 데다 KTX까지 연결되어 교통 여건도 매우 좋은 편이다. 그럼에도 불구하고 원주가 아직까지 이렇다 할 대중의 주목을 받지 못한 이유는 무엇일까? 입주물량이 2020년이 되어서야 마무리가 되고 있고, 기업들의 입주가 본격적으로 시작되지 않았기 때문이다.

하지만 기업들이 서서히 입주를 진행하고 서울과의 교통 접근성까지 좋아지면서 부동산의 가치 역시 올라가고 있다. 굳이 접근성을 비교하자면, 천안에 버금가는 수준이다. 차이라면, 천안은 삼성전자 탕정 공장이라는 대규모 일자리가 있고, 원주는 그렇지 못하다는 것이다. 이것이 원주 지역의 저평가에 한몫하고 있다.

단지명	준공일	세대수	전용 84m² 매매가
천안 불당호반써밋플레이스	2017.01	573	7억 5,000만 원
원주 롯데캐슬골드파크	2019.12	624	3억 원
가격 할인율			60%

하지만 과거의 사례를 보면 알듯, 결국 부동산은 부동산의 입지적인 장점과 접근의 용이성 등으로 가치를 재평가받는 경우가 많다. 서울에서 천안까지 가는 데 소요되는 시간이나 서울에서 원주까지 가는 데 소요되는 시간엔 큰 차이가 없는데, 가격 할인율이 60% 나 된다는 것은 천안의 대규모 일자리나 경부고속도로 등의 장점을 감안한다고 해도 과한 것 같다.

특히, 원주 기업도시는 광주-원주 간 고속도로 개통(2016년 11월)으로 서울과의 거리를 단축했고, 상시 정체구간이었던 영동고속도로의 혼잡함을 벗어나서 수월하게 도달할 수 있는 지역이 되었다. 서원주 IC를 통해 쉽게 접근 가능한 위치에 지어졌다는 것도 장점이다. 또한 KTX가 지나는 만종역과의 거리도 차로 10분 정도의 거리이므로 접근성이 매우 좋다. 아직까지는 자체 인프라 구축이 미흡하고 기업들의 입주가 많이 진행되지 않았기에 주목받을 기회가 없었으나, 향후 몇 년 내에는 이 같은 단점을 떨쳐내고 화려하게 비상할 가능성이 큰 도시다.

원주 기업도시는 현재 이지더원2차를 마지막으로 거의 모든 단지의 입주를 마쳤다. 입주가 마무리되면서 가격이 소폭 상승했으나, 아직까지도 상대적으로 평가했을 때 전국에서 가장 저렴한 편이다.

5장

주거용 오피스텔의 떠오르는 대세

◆

통계청이 2020년 8월 28일 내놓은 '2019년 인구주택총조사' 자료에 따르면, 2019년 수도권 인구(국민 전체의 50.0%) 중 1인 가구 비율이 30.2%, 2인 가구 비율은 27.9%로 조사되었다. 수도권 인구 중 58.1%가 1인 또는 2인 가구라는 이야기다. 게다가 이러한 추세는 앞으로도 더 이어질 것으로 보인다.

일반적으로 1인 가구가 가장 선호하는 주거공간은 오피스텔이다. 아파트의 경우 한 사람이 거주하기에 적합한 사이즈가 거의 없기도 하고, 가격도 매우 비싸다. 반면, 이들은 빌라나 다세대주택 등은 비용적인 측면에서는 매력적이지만, 환경의 쾌적성이나 보안 등에 취약하므로 가급적 피하려고 한다. 특히 과거에 비해 여성의 사회활동이 매우 늘어나면서 보안과 사생활 보호

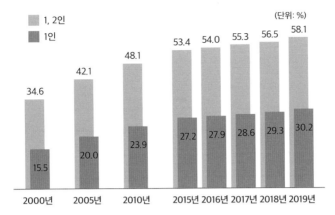

1인 또는 2인가구 비율

(단위: %)

- 1, 2인
- 1인

	2000년	2005년	2010년	2015년	2016년	2017년	2018년	2019년
1, 2인	34.6	42.1	48.1	53.4	54.0	55.3	56.5	58.1
1인	15.5	20.0	23.9	27.2	27.9	28.6	29.3	30.2

3인 가구는 20.7%, 4인 가구는 16.2%, 5인 이상 가구는 5.0%. 2018년과 비교할 때 1인 가구와 2인 가구는 각각 0.9%p, 0.6%p 증가한 반면, 3인 가구, 4인 가구, 5인 이상 가구는 각각 0.3%p, 0.8%p, 0.45%p 감소했다. 일반가구의 평균 가구원 수는 2.39명으로 2018년 2.44명에 비해 감소했다.

자료원: 통계청 2019년 인구주택총조사

문제가 더욱 중요해짐에 따라, 이러한 문제가 보완되는 오피스텔이 더욱 각광받게 되었다.

단, 오피스텔에 대한 고정관념은 버려야 할 때가 된 듯하다. 오피스텔이라고 하면 대개 '원룸'을 떠올리는데, 이 같은 오피스텔의 전형적인 형태는 구시대의 유물처럼 대중의 관심에서 멀어져 갈 것으로 본다. 한마디로 과거에 비해 늘어난 1인 가구, 또 앞으로 더욱 증가할 1인 가구 중에 원룸을 선택할 사람은 매우 드물어질 것이다. 이 역시 코로나의 영향이다.

일반적인 원룸 오피스텔의 전형적인 평면도.

지금까지 주거공간으로서의 오피스텔은 직장 출·퇴근이 용이한 곳, 그저 잠만 자고 나오는 곳이었다. 그러나 이제는 '집'으로서의 역할을 오롯이 담당할 가능성이 매우 커졌다. 사실 굳이 코로나가 아니었더라도, 1인 가구의 선호도 변화로 인해 오피스텔의 면적은 좀 더 넓어지는 방향으로 가고 있었다. 특히 소득이 높은 세대들 중에 가구를 분리해 좀 더 쾌적한 환경을 추구하는 이들이 증가하고 있었기 때문이다. 다만 코로나가 이런 상황을 더욱 앞당긴 것이다.

오피스텔은 아파트에 없는 확실한 이점이 있다. 아파트와 비교할 때 같은 면적 대비 상당히 싸다는 것이다. 그 이유는 오피스텔을 짓는 건설사 입장에서 보면 쉽게 알 수 있다. 아파트는 가족이 거주할 수 있는 공간으로 구성해야 하므로 공동의 생활편의

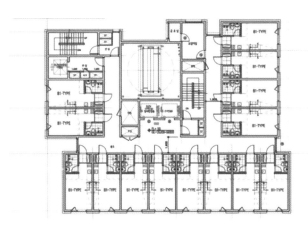

일반적인 오피스텔의 도면. 한 층에 복도를 가운데 두고 양쪽에 각 호를 배치하는 형태다.

와 환경의 쾌적성까지 보장해야 한다. 그렇게 지으려면 대형 평형으로 지을수록 이익이다. 소형으로 지을 경우 주거공간으로서 기본적으로 갖춰야 할 것을 작은 공간에 모두 집어 넣어야 하므로 타산이 맞질 않는다. 반면, 오피스텔은 상업지역에 지을 수 있으니 훨씬 많은 세대수를 구성할 수 있고, 생활편의와 환경의 쾌적성 부분은 어느 정도 양해될 수 있으므로 굳이 판상형 구조로 건설하지 않아도 된다. 복도를 가운데 두고 양쪽에 세대를 두면 되므로 같은 면적이라도 아파트에 비해 더 많은 세대수를 확보할 수 있어서 경제적 수지가 맞는 것이다.

오피스텔은 방향도 그다지 중요하지 않다. 아파트의 경우 가족 전체가 생활하는 공간으로서의 의미가 크다 보니 햇빛이 잘

드느냐, 즉 남향이냐 아니냐가 가격에 영향을 미친다. 하지만 오피스텔은 사무실 용도나 사무실 겸용으로 사용하는 사람들도 많기에 굳이 '남향'이어야 할 이유가 없다. 용적율의 최대치로 건설할 수 있으니 공급자 입장에서는 수지타산이 맞고, 수요자 입장에서는 아파트보다 가격이 저렴하면서도 비교적 쾌적하고 안전한 주거공간이 되는 셈이다. 수요자의 요구와 공급자의 이익이 잘 맞아 떨어지는 것이다. 따라서 오피스텔의 고유한 영역을 아파트가 잠식할 가능성은 거의 없다고 본다.

그렇다면, 코로나 이후엔 어떤 형태의 오피스텔이 각광받게 될까? 1.5룸이 대세가 될 것이다. 1.5룸이란 방과 거실, 주방이 각각 분리된 구조를 뜻한다. 앞으로는 이런 구조와 이에 맞는 사이즈의 오피스텔을 찾는 사람들이 점점 증가할 것이며, 건설사들도 향후 그런 오피스텔을 더 많이 짓게 될 것이다. 사실, 1.5룸 오피스텔은 나의 전작《부동산 소액 투자의 정석》에서도 이미 추천한 바 있다. 책이 출간된 지 1년도 채 안 된 현시점, 실제로 1.5룸 오피스텔의 가격은 놀랍게 상승했다. 일반 오피스텔의 매매가격은 거의 상승하지 않았다는 것을 고려하면, 매우 놀라운 일이다. 당시 내가 1.5룸 오피스텔을 언급한 것은 일단 이러한 형태가 희귀하고 고소득 1인 가구가 증가하는 데 반해 공급이 너무 부족하기에 투자 측면에서 관심을 가지라는 의미였다. 다만 1년이 지난 이제는 상황이 약간 달라졌다. 이제는 건설사들이 아예

거실과 주방 그리고 방이 1개 있는 1.5룸 오피스텔의 평면도.

1.5룸짜리 오피스텔을 공격적으로 공급하기 시작할 것이다.

오피스텔은 1.5룸이 대세가 되고 대중화되는 시기가 왔다. 마치 풀옵션 오피스텔이 처음 나왔을 때 대단히 혁신적으로 느껴졌으나 이제는 당연하게 여겨지는 것처럼, 이제는 1.5룸이 희귀한 형태로 주목받는 게 아니라, 오피스텔은 당연히 1.5룸이어야 한다고 생각하게 될 시대가 도래한 것이다. 다만, 여기에서 매우 중요한 이야기를 해야 할 것 같다. 2가지다.

첫째, 그렇다고 1.5룸 오피스텔을 사라는 말은 아니다. 엥? 이게 무슨 뒤통수 때리는 말인가 싶을 수 있다. 1.5룸 오피스텔이 대세라고 하더니만 갑자기 사지는 말라니 무슨 뜻이지? 1.5룸 오피스텔이 대세라고 해서 그것이 투자 가치가 있다는 뜻은 아니라는 말이다. 다시 과거의 사례를 보자. 예전에는 오피스텔 대부분이 중앙난방 시스템이었다. 그런데 어느 날부터인가 오피스텔에도 개별난방 시스템이 들어오기 시작했다. 당시로서는 매우 쇼킹한 일이었다. 그러자 사람들이 개별난방 오피스텔에 몰려들었다. 하지만 놀라운 건, 그렇다고 해서 개별난방 시스템을 갖춘 오피스텔의 매매가격이 오른 건 아니라는 점이다.

풀옵션 오피스텔도 마찬가지다. 처음에 이 같은 오피스텔이 시장에 나왔을 때는 소비자 입장에서 마치 집안 살림살이를 공짜로 받는 것 같은 기분이 들었다. 그래서 대중이 몰렸다. 그러나 결과는 역시나였다. 사람들이 몰린다고 해서 풀옵션 오피스텔의 매매가격이 오른 것은 아니었다.

왜 이런 일이 벌어진 것일까? 대세의 흐름을 따랐는데 말이다. 그것은 오피스텔 자체가 가진 특성 때문이다. 오피스텔은 아파트와 비교할 때 공급이 매우 쉬운 대상이다. 게다가 향후에는 더 많은 오피스텔이 더욱 빠르게 공급될 전망이다. 1인 가구가 지속적으로 증가하는 추세인 데다 기존 사무실이 공실화되면서, 오피스텔로 변신할 가능성이 매우 크기 때문이다. 언제나 그렇지만, 투자 가치라는 것은 기본적으로 '희소성'을 기반으로 한다. 쉽게 말해 흔하지 않아야 가치가 있는데, 끊임없이 유사한 제품들이 쏟아져 나온다면 당연히 가치가 상승하기 힘들다.

　그렇다면, 1.5룸 오피스텔은 투자처로서는 의미가 없는 걸까? 그렇지는 않다. 대세를 알았으니 이에 순응하면서 대세 중에서도 희소성 있는 대상을 고르면 된다. 그런 게 무엇일까? 여전히 택지개발지구 내에 있는 오피스텔이다. 2020년 9월 현재, 이미 3기 신도시가 결정되었고 빠르면 2년 후부터 분양이 시작될 것이다. 3기 신도시의 모습이 어떨지 아직은 정확히 예측할 수 없으나 기존 신도시의 기본적인 모습에서 완전히 달라질 것은 없다. 항상 그래왔듯이, 신도시의 가장 중심이 되는 핵심지역에는 상업지구가 배치되고, 그곳에 전철역이 들어올 것이다. 그곳의 일부 구역에 오피스텔을 지을 수 있게 할 텐데, 바로 그 오피스텔들 중에서 1.5룸을 갖춘 것을 주목하라. 그러한 오피스텔이라면 임대로 보나 매매로 보나 좋은 결과를 얻게 될 가능성이 크다.

　둘째, 원룸 오피스텔을 갖고 있는 사람들은 매도하라. 코로나 이후 대한민국 부동산에 도래할 변화를 알아가는 과정에서 중요한 것은 이것이다. 어떤 트렌드는 그저 알고 있기만 해도 되고, 몇몇 트렌드는 향후 부동산과 관련해 어떤 결정을 할 때 참고하면 되는 것들이다. 그런데 몇 가지 트렌드는 아는 즉시 지금 당장 어떤 행동을 해야만 도움이 되는 것들이다. 그중에 하나가 바로 오피스텔이다. 1.5룸 오피스텔이 대세가 된다면, 일반적인 원룸

오피스텔은 어떻게 될까?

점점 그 매력을 잃어가게 될 것이다. 그런데 정말 문제는 오피스텔의 경우 매력을 잃어간다고 해도 해결책이 없다는 것이다. 이럴 때는 빌라만도 못한 것이 오피스텔이다. 빌라는 토지를 갖고 있고 소유자가 적기 때문에 대규모 재개발에 포함될 수 있고, 또 정 안 되면 자체 개발하는 방법도 있다. 하지만 대세를 벗어난 오피스텔은 최악이다. 아무것도 할 수 없다. 재건축은 물론 리모델링도 할 수 없고, 심지어 개별 인테리어를 하는 것도 어려울 수 있다. 오피스텔의 관리규약 때문이다. 오피스텔들 중에는 관리주체가 경쟁 없이 오랫동안 그 오피스텔에서 편안하게 수익을 내기 위해 관리규약 자체를 관리인단에게 유리하게 만들어놓은 곳이 꽤 된다. 모든 사안에서 관리인의 허락을 받아야 한다거나 관리인이 정한 업체만 사용해야 한다거나 하는 것이다.

아파트의 경우, 아무리 임대로 거주하는 세대가 많다고 해도 집주인 거주 비율이 50% 이상은 된다. 이 때문에 소유주들이 아파트 관리에 직접 개입하는 것이 관례가 되어 관리가 매우 투명해졌다. 집주인들이 소유주로서의 힘을 행사할 수 있는 길이 열려 있다 보니 요즘은 대단지 아파트일수록 관리주체가 아파트 주민들의 심사를 건드렸다가는 버텨내기가 힘들다.

그런데 오피스텔은 그 반대다. 오피스텔의 거주자들은 대개 소유주가 아니며, 단체 행동을 할 만큼의 결집력도 없다. 그렇다 보니 오피스텔은 그야말로 관리주체 마음대로 관리되고 있는 현실이다. 양심적인 관리주체를 만나면 다행이지만, 그렇지 않을 경우 여러 가지 고통을 겪을 수 있다. 가장 대표적인 문제는 역시 관리비다. 악질적인 시행사의 경우 오피스텔 관리를 통해 이익을 얻고자 관리주체를 자신들이 정하고 관리규약을 관리주체에게 유리하게 만든다. 특히 자금을 불투명하게 운용하면서 관리비를 부당하게 징수하는 일이 빈번하게 일어나고 있다. 이런 악질적인 행위도 그나마 오피스텔이 새 것일 때는 괜찮다. 신축일 땐 관리비가 좀 비싸더라도 세입자들이 감수하는 경향이 있기 때문이다. 그러나 오피스텔이 낡게 되면 그때부터는 본격적으로 문제가 되는데, 이를 해결할 방법이 전혀 없다는 것이 더욱 문제다. 정부 당국에서도 이러한 문제를 인식하고 있으나, 아파트 가격 잡기에 몰두 중인 정부가 오피스텔에까지 행정력을 발휘하는 것은 매우 요원한 일이다.

한번 상상해 보자. 대세에서 멀어진 오피스텔을 찾는 사람은 점점 줄어들고 있다. 가치가 떨어지고 임대는 잘 되지 않으니, 임대료 역시 자꾸 낮아진다. 가끔 공실이 생겨도 거액의 관리비는 계속 내야 한다. 매도하려고 해도 원체 임대료가 낮아서 더 낮은 금액에 내놔도 나갈까 말까다. 그마저도 선뜻 매수하겠다는 사람을 찾는 게 여간 힘든 게 아니다. 조금만 상상해 봐도, 매우 끔찍한 상황이라는 것을 알 수 있을 것이다.

그래서 지금 바로 해야 할 일이 있다. 그건 바로, 원룸 오피스텔을 매각하는 것이다. 지금으로서는 그것밖에 방법이 없다. 1.5룸의 대세 변화가 더욱 진행될수록 매각은 더 어려워질 것이다. 그나마 '높은 수익률(임대를 맞춰놓고 낮은 가격에 팔면 사는 사람 입장에서는 높은 수익률이 난다)'을 내세워서라도 매각이 가능한 때 반드시 매각해야 한다. 사람들 눈에 잘 띄지 않아서 그렇지, 아직도 시장에는 중앙난방 시스템을 갖춘 오피스텔들이 있다. 그리고 기계식 주차를 하는 오피스텔들도 있다. 그런 오피스텔들을 소유하고 있는 사람들의 심정이 어떻겠는가? 그런 오피스텔들이 팔릴 수 있을까? 시간을 지체하면 지체할수록 더욱 힘들어진다. 빠르면 빠를수록 좋다. 최대한의 노력을 기울여서 원룸 오피스텔의 매각을 진행하는 것이 코로나 이후의 부동산 흐름에 대비하는 길이라는 걸 명심하자.

주목할 만한 오피스텔

미사지구와 마곡지구

이 두 지역에 관해서는 자세한 설명을 생략하겠다. 이미 전작 《부동산 소액 투자의 정석》의 특별부록을 통해 충분히 이야기했기 때문이다. 간략하게만 소개하자면, 경기도 하남시의 미사와 서울 강서구의 마곡지구 오피스텔들은 이미 가격이 올랐지만, 아직도 상승 여력이 충분히 있다고 본다. 지금 오른 가격도 분양가 수준에서 오른 것이기에 추가적으로 더 오를 것이다. 소유주들의 '똘똘한 한 채' 전략으로 인해 급매로 나오는 물건도 종종 있을 수 있다. 그런 급매 물건이라면 적극적으로 관심을 가져볼 필요가 있겠다.

또한 4년 의무임대기간이 지난 물건이나 장기임대물건 중 절반 이상의 시간을 보낸 물건이 나올 수 있는 상황이 되었다. 이러한 물건을 매입해도 준공된 지 4~5년 정도밖에 되지 않은 상황이라 향후 수년간 임대에도 문제가 없을 것이다.

예전 책에서도 많이 강조했듯이 정석적인 투자, 즉 택지개발 지구의 오피스텔이라는 희소성에 1.5룸의 희소성(앞으로는 1.5룸이 많이 분양되겠지만, 과거에 비해 많다는 것이지 갑자기 공급이 쏟아지는 것은 아니므로 여전히 희소성을 갖는다)이 더해진다면, 이 지역의 오피스텔은 수년간 꾸준히 가격이 상승할 것이다.

정부의 부동산 취득 제한 정책에 따라 단기적으로는 가격이 보합세로 머물 수 있기에 급매물도 어렵지 않게 찾을 수 있을 것이다. 다만 본인의 경제적 형편을 고려해서 장기적인 전략을 세운다면, 매우 성공적인 투자가 가능하리라 본다.

다산지구

경기도 남양주의 다산신도시는 2023년 8호선 개통을 앞두고 있다. 8호선이 개통되면 그야말로 신도시의 면모를 완전히 갖추는 셈인데, 과거 사례에서 보듯 단 한 번도 예정된 시점에 전철이 개통된 적이 없다는 점을 감안하면 실제로는 2024~2025년쯤이나 돼야 전철이 개통될 것 같다.

전철 개통이 다소 늦어진다고 해도, 현재 다산지구에 있는 상업용지는 다른 곳에 또 생기거나 확장되거나 할 가능성이 없다. 또 전철역이 다른 곳에 새로 만들어질 가능성도 없다. 결국 희소성은 보장되어 있다는 뜻이다.

따라서 이곳의 1.5룸 오피스텔은 눈여겨볼 필요가 있다. 특히 다산지구의 경우 1.5룸 오피스텔도 그렇지만 전체적으로 볼 때 오피스텔 자체가 그다지 많이 건설되지 않았다. 따라서 중·장기적인 시각으로 봤을 때 꾸준히 성장할 곳으로 봐도 무방하다. 1.5룸 오피스텔의 경우 임대수익률도 7~8%(대출 실행 시) 정도 나오기 때문에 매력적이다(보증금 1,000만, 월세 75만 원/ 매매가 2억 1,000만 원 / 다산헤리움그랑비스타).

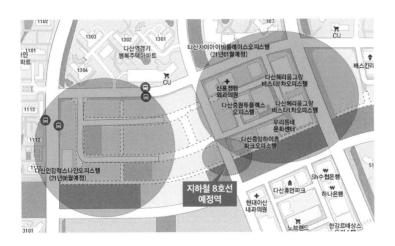

3기 신도시

3기 신도시라면 일단 관심을 가지고 지켜볼 필요가 있다. 오랜만에 열리는 신도시 분양이기 때문이다. 앞서 설명한 것처럼, 신도시 한가운데에 상업지구가 형성되고 그곳에 오피스텔을 분양하는 것이 일반적이므로 모든 3기 신도시의 오피스텔, 그중에서도 1.5룸의 분양에는 관심을 가지자. 다만 중요한 것이 있다. 그렇다고 이런 오피스텔을 무조건 분양받으라는 건 아니다. 아니, 그게 무슨 말이냐고? 오피스텔은 설령 택지개발지구에 지어지는 것이라고 해도 분양받는 건 매우 주의해야 한다. 모든 사람이 좋다고 보는 경우라면 분양가가 높을 가능성이 매우 크고, 그렇다면 결국 이익을 얻을 수 없기 때문이다. 이때는 바로 분양받기보다 입주 시점까지 기다렸다가 매수하는 것이 좋다.

실례로 판교 오피스텔도 분양 당시에 높은 프리미엄이 붙었으나, 지나치게 높은 분양가로 인해 막상 입주 때가 되어서는 프리미엄이 모두 없어졌다. 아파트는 사실 프리미엄이 붙는다고 해도 그 프리미엄의 적정 가치라는 것이 없을 수 있다. 거주의 가치를 얼마로 매겨야 할지 알 수 없기 때문이다. 그래서 너무 과하다 싶은 프리미엄이 붙는다고 해도 그 프리미엄이 지속되는 경우가 많은데, 오피스텔은 그렇지 않다. 오피스텔은 아직까지는 '임대'가 주목적이기 때문에 임대 수익률이 곧 오피스텔의 가치로 결정된다. 이러한 이유로 입주 시점의 임대료가 프리미엄이 붙은 가격에 미치지 못한다면, 그 프리미엄이 모두 빠지게 된다. 그러니 너무 과열되는 조짐이라면 차라리 한 발 물러나서 입주 시점을 기다려보는 게 낫겠다.

　분양 당시의 시장 분위기와 분양가를 봐야 알 수 있기에 지금으로선 예측하기 어렵지만, 만약 과열 양상이 벌어진다면, 관심이 집중되고 있는 하남 교산신도시와 남양주 왕숙신도시보다는 규모가 작은 인천 계양신도시나 과천신도시 등으로 눈을 돌리는 것도 괜찮은 전략이 될 것이다.

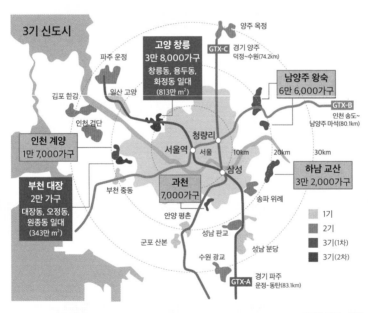

자료원: 국토교통부

6장

코로나 이후
학군의 미래

◆

코로나 이후 교육계에 큰 변화가 일 것이라는 점에는 이견이 없을 것이다. 이미 온라인 교육 방식에는 학생과 교사, 학부모 들까지 어느 정도 적응한 상황이다. 이제는 초·중·고등학교뿐 아니라, 교육의 정점에 있는 대학의 교육도 다시 한번 살펴볼 필요가 있다. 인정하고 싶진 않지만, 결국 우리나라의 초·중·고등학교의 교육이라는 것이 학생을 좋은 대학에 진학시키는 데 초점을 맞추고 있기 때문이다.

그렇다면 '좋은 대학 진학'이라는 목표에 맞춰져 있던 우리나라의 교육 문화가 코로나 이후엔 어떻게 변화하게 될까? 이에 대한 답을 얻으려면, 대학 교육 이후를 살펴봐야 한다. 학생들이 대학 진학을 위해 초·중·고등학교 12년을 보낸다면, 대학교 4년은 무엇을 위한 것인가? 결국 좋은 직장에 취직하기 위한 것이다. 부인하고 싶어도 그럴 수 없는 대한민국의 현실이다.

문제는 이 '직장'이다. 세상의 변화에 따라 직장의 개념도 매우 빠르게 변하고 있다. 하지만 그에 비해 교육은 변화의 속도가 느려도 너무 느리다. 대졸자를 신입으로 뽑는 기업 중에서 이들이 회사에 들어와서 바로 업무를 실행할 수 있으리라 생각하는 곳은 아마 한 곳도 없을 것이다. 처음부터 새롭게 가르쳐야 한다. 학생들이 대학에서 배운 지식이 회사 업무에 전혀 쓸모가 없는 경우도 허다하다(일부 전문 직군은 제외).

대학 교육의 혁신이 불가피하나 여러 이유로 생각처럼 쉽게 이뤄지지 않았다. 하지만 사회의 변화는 혁신이 일어나지 않는 대학이 아니라, 전혀 다른 곳에서 발생하고 있다. 바로 회사에서 말이다. 수요와 공급에 의해 그리고 세상의 변화에 의해, 기업은 어쩔 수 없이 빠르게 변화할 수밖에 없다. 또 이에 필요한 인재들을 대학의 공급에만 기댈 수 없다 보니, 직접 인재를 찾아 나서게 됐다. 이 같은 변화는 현재의 대학 지위를 약화시키는 쪽으로 흘러가고 있고, 이 추세는 앞으로도 계속될 것이다.

현재 가장 빠르게 성장하고 있는 직업군이 무엇인지, 미국 노동청에서 나온 자료를 직업군별로 분류해서 보면, 대체에너지

가장 빠르게 성장하는 직업(2018~2028년)

직업	성장률
태양광 발전기 설치기사	63%
풍력 발전용 터빈 기술자	57%
재택 건강 보조원	37%
개인 간병 보조원	36%
작업 치료 보조사	33%
정보 보안 분석가	32%
보조 의사	31%
통계학자	31%
임상 간호사	28%

자료원: 미국 노동청 통계

관련, 의료 관련, IT 관련으로 나눌 수 있다. 그런데 지금 현재 대한민국 대학의 현실을 한번 보자. 과연 대체에너지나 의료, IT 관련 학과들이 상당 부분 차지하고 있는가? 전혀 그렇지 않다. 설령 그런 학과들이 있다고 해도, 기존의 직업에서 한 발짝도 벗어나지 못하고 있는 현실이다. 예를 들어, 의료 관련 학과는 그저 의사를 배출하기 위한 교육에 집중 배치되어 있어 의료와 관련된 다양한 인재를 배출하는 시스템이 턱 없이 부족하다. 여전히 대학은 기초학문을 배우는 곳 정도로 자리하고 있는 셈이다. 하지만 이제 기업도 겨우 기초학문만 갖춘 학생들을 데려다 인재로 만들어서 활용하는 방식을 선택하지 않을 것이다. 대학이 아닌 곳에서 상당한 인재가 배출될 수 있는 환경이 만들어졌기 때문이다.

예를 들어, AI 관련 인재는 모든 기업이 원하는 매우 소중한 인력이다. 그런데 과연 우리나라에서 AI에 관해 심도 있게 가르칠 수 있는 대학이 얼마나 될까? 답은 매우 부정적일 수밖에 없다. 사회는 이처럼 빠르게 변하고 있는데, 그 변화에 발맞춰 교육시킬 만큼의 노하우가 축적되지 못하고 있는 것이다. 한마디로 속도가 맞질 않는다. 그런 상황에서, 코로나로 인해 온라인 교육은 한층 더 발전했다.

2014년 개교한 미국의 온라인 대학 미네르바스쿨은 과거에 실패했던 온라인 대학들과는 완전히 다른 성공의 길을 걷고 있다. 미네르바스쿨은 캠퍼스가 없고 4년의 기간 모든 수업을 온라인으로 진행하지만, 학생들이 전 세계 7개 도시를 돌아다니면서 기숙사 생활을 하는 독특한 시스템으로 운영된다. 입학을 위한 SATScholastic Aptitude Test가 없는 대신 학생의 논리력과 글쓰기 능력을 테스트하며, 등록금은 3만 1,000달러로 여타의 아이비리그 대학교의 약 1/3 수준이다.

COLLECTIVE PROGRESS   MINERVA

Solving complex global
challenges demands a
collaborative approach.

Transforming Mindsets

Current educational models generally fail to change the way
learners think, focusing instead on disseminating
information that is widely available. Our approach imparts a
set of cognitive tools—Habits of Mind and Foundational

자료원: 미네르바스쿨 홈페이지

　코로나 이후에는 이러한 온라인 형태의 대학들이 더욱 늘어나 자리를 잡을 것으로 본다. 인류의 생명을 위협하는 바이러스의 출현으로 그저 비대면이 중요해졌기 때문만은 아니다. 코로나로 인해 비대면 교육의 질이 한층 높아지고 이에 고급 교육이 더욱 보급화된 데다, 빠르게 변화하는 시대에 적합한 인재를 기존 교육 시스템이 아닌 혁신적 교육 시스템을 통해 키울 수 있게 되었기 때문이다.

　그렇다면 우리는 매우 파격적인 미래를 예상할 수 있다. '대학 입학' 자체에 큰 의미가 없어질 수 있다는 것이다. 과거처럼 어느 대학을 졸업했는지에 인생이 좌우되는 시대는 완전히 지났다고 봐야 한다. 어떤 기술에 능숙한지, 어떤 전문적 영역에 해박한 지식을 가지고 있는지에 따라 사회적 지위가 결정되는 새로운 시대가 열릴 것이다.

이는 마치 과거 인쇄기술의 발달로 인해 대중에게까지 성경이 공급되면서 결국 종교개혁이 일어난 것과 비슷한 상황이다. 지식이 특권층에게만 집중되어 있을 때는 그야말로 집권층의 입맛대로 대중을 좌지우지할 수 있었으나, 지식이 공유화되면서 그런 상황이 더는 불가능하게 되어 개혁이 일어난 것이다. 이 같은 일들이 지금 우리가 살고 있는 시대에도 나타나고 있다. 인터넷의 발달로 전 세계인이 지식을 공유하게 되었고, 이제 제대로 마음먹고 관심 분야를 파고들기만 하면 온라인을 통해서도 거의 전문가 수준의 지식을 쌓을 수 있게 되었다. 이렇게 세상이 변화를 거듭하고 있음에도 현실 교육의 시스템은 여러 가지 사안에 얽혀 쉽게 변하지 못하고 있다. 그렇기 때문에 미래 인재는 기존 교육 시스템이 아닌 새로운 루트를 통해 출현할 가능성이 커졌다는 점이다.

여기서 인류의 미래에 관해서도 한번 생각해 보자. 많은 사람이 두려워하는 건 기계가 인간의 역할을 대신하지 않을까 하는 것이다. 인간이 하던 많은 일을 기계가 할 수 있게 되면, 인간의 가치는 무엇에서 찾아야 할까. 대량 실업 사태가 발생하면서 결국 인간이 어두운 미래를 맞이하게 되지 않을까 불안해하는 사람이 많다.

그러나 나는 인류의 미래를 그렇게 부정적으로 보지 않는다. 기계가 인간이 하는 일을 상당 부분 대체하리란 것에는 동의한다. 대표적으로 육체 노동과 관련한 일자리에는 기계의 역할이 커질 것이다. 운전, 배달, 건설, 공장노동 등이다. 하지만 그렇다고 인간이 해야 할 일이 완전히 없어지진 않을 것이다. 기계를 관리하고 업그레이드하고, 문제점을 발견해서 개선하는 일들은 여전히 인간의 몫이기 때문이다.

자연과학과 인문과학을 넘나드는 통찰로 여러 책을 집필한 세계적인 행동주의 철학자 제러미 리프킨Jeremy Rifkin은《노동의 종말The end of Work》에서, 기계가 인간의 노동을 대신하면서 심각한 실업 문제가 대두되고 결국 인류가 위험에 처하게 될 것이라고 경고했다. 하지만 나는 오히려 그런 문제가 발생하기에 인간에게 할 일이 있을 것으로 본다. 이를 해결해야 하기 때문이다. 실제로 노동은 점점 줄어들고 인간은 더 많은 여유시간을 가지게 될 텐데, 그만큼 새로운 문제가 발생할 것이다. 여기서의 문제란 정신적인 것도 있고 일자리를 잃는 것도 있다. 이런 문제를 해결해야 하는 과제가 다시 인간에게 주어지는 것이다. 이에 따라 새로운 교육도 필요하게 될 것이다. 이를 생각하면 여전히 교육이 매우 중요한 역할을 해야 하는데, 기존 교육 시스템을 유지한다면 큰 어려움에 처할 것이라는 점만은 확실하다.

정리해 보자. 코로나 이후 교육의 미래는 우선, 초·중·고등학교가 대학교 진학을 위한 예비 학교의 지위에서 차츰 벗어나는 것이다. 온라인 교육의 발달과 정보를 얻기 쉬운 환경으로 변화함에 따라 대학 진학이라는 '절대 목표'는 사라질 것이다. 대학교도 마찬가지다. 대학 진학이나 대학 졸업의 의미는 점점 희미해질 것이다. 어느 대학에 입학하고 졸업했느냐보다 어떤 능력을 갖췄느냐가 더 중요해질 테니 말이다. 전 세계의 열린 교육 시스템으로 인해 새로운 인재들이 빠르게 육성될 것이며, 그런 변화에 능숙한 이만이 미래의 주인공이 될 것이다.

지금까지 나는 이처럼 장황하게 코로나 이후 변화될 교육의 미래에 관해 이야기했다. 그리고 이제는 어이없는 결론을 내릴 차례다. 그럼에도 불구하고, 이 같은 교육의 변화가 우리나라 '학군' 부동산에는 그다지 영향을 미치지 않을 것이라는 사실이다. 이 말은 학군 때문에 만들어진 부동산의 지위에 큰 영향을 주지 못할 것이라는 뜻이다.

결론은 어이없겠지만, 그 의미는 대단히 중요하다. 아주 냉정하고 예민하게 판단해야 하는 부분이다. 독자들 중에는 '결국 이같은 결론을 내릴 거면서 왜 그처럼 교육의 미래에 관해 장황하게 떠든 것이지?' 하며 황당해 할 사람도 있을지 모르겠다. 내가 이런 이야기로 꽤 많은 지면을 할애한 것은, 독자들이 앞으로도 변화될 교육과 부동산의 미래를 연결 짓는 예측 시나리오를 많이 듣게 될 것이기 때문이다. 이런 이야기를 들으면 당장 교육이 크게 변하면서 부동산의 가치 역시 크게 요동칠 것으로 생각하기 쉽다. 그렇게 판단하면 실질적인 경제의 흐름과 실제 부동산의 미래 가치에 관해 크게 오해할 가능성 역시 크다.

미래를 예측할 때 현재의 시스템을 깊이 이해하지 못한 상태에서 미래의 기술을 과장되게 생각하면 큰 오류를 범하게 된다. 예를 들어보자. TV가 처음 나왔을 당시, 많은 지식인이 불과 몇 년 내에 영화관을 가는 사람은 완전히 사라질 것으로 예측했다. 영화가 TV 안으로 들어오게 되었는데, 누가 영화관에 가서 영화를 관람하겠느냐면서 말이다. 그런데 현실은 그 반대가 되었다. 영화 산업은 더욱 발전했다. 인터넷을 통한 무료 통화가 가능해지자, 지식인들은 이제 통신료를 내고 전화하는 사람은 없어질 것이라고 했다. 그러나 오히려 전 세계 통신사들은 합병 등을 통해 더 큰 공룡으로 거듭났고, 공짜 전화가 있음에도 공짜로 통화하는 사람이 없는 현실에 우리는 살고 있다. 암호화 화폐가 개발되었을 땐 어땠는가. 미래학자들은 이제 전 세계의 화폐가 사라질 것으로 예견했다. 지금도 암호화 화폐는 진화 중이지만, 화폐의 기능보다 블록체인 기술이 더 주목받고 있는 상황이다.

여기에서 우스운 이야기를 하나 붙여보자. 내가 대학교에 다니던 시절, 그러니깐 지금으로부터 약 25년 정도 전의 이야기다. 당시에 나는 영어 실력이 좀처럼 늘지 않아서 끙끙대고 있었는데, 어느 날 이런 저런 자료를 뒤져보다가 한 이야기를 접하게 되었다. 기술의 발달로 인해 언어의 장벽이 완전히 무너지게 될 거란 이야기였다. 미래에는 그냥 내가 모국어로 하고 싶은 말을 하면 기계가 알아서 외국어로 번역해 주니, 그 어떤 나라의 사람들과도 쉽게 대화할 수 있게 될 거라는 것. 중요한 것은, 그렇기 때문에 외국어를 습득하는 데 시간을 쓰는 건 낭비라는 거였다. 그에 따르면 미래에 의미가 없어질 능력을 얻기 위해서 노력하는 것은 대단히 멍청한 짓이니까. 앞으로 외국어를 가르치는 직업은 모두 사라지고, 번역가나 외국 담당 부서에서 일하는 사람 역시 모두 퇴출될 거라는 내용도 있었다. 가뜩이나 영어공부가 싫었던 내게 이 같은 미래예측이 얼마나 반갑고 희망적이었겠는가? 그래서 나는 그 즉시, 영어공부를 때려치웠다. 어떻게 되었겠는가? 졸업하고 보니, 나를 받아주는 회사가 없었다. 그리고 이렇게 오랜 세월이 지난 지금까지도 여전히 한국에서는 영어학원이 성행하고 있고, '파파고Papago' 같은 AI 번역기 앱이 나왔음에도 겨우 의사소통하는 데만 활용되는 수준이다.

내가 말하려는 게 이것이다. 혁명에 가까운 미래가 다가오고 있지만, 그 혁명이 지금의 현실을 어떻게 변화시킬지에 대해서는 매우 예민한 눈으로 측정해야 한다. 이 같은 오류가 많이 일어나는 원인 중 하나는 미래 기술 관련 분야에 종사하는 이들이 자신의 목적이나 입지를 위해 좀 더 과장되게 이야기하는 것이다. 실제보다 부풀려서 이야기해야 대중이 관심을 갖고, 자신의 입지도 튼튼해질 수 있기 때문이다. 따라서 미래 예측과 변화될 현실에 관해서는 보다 심도 있는 생각과 연구가 필요하다. 괜히 혼자만 영어공부를 때려치워 혼자만 취업이 어려워지는 사태만큼은 막아야 하지 않을까.

다시 본론으로 돌아가자. 그렇다면 대한민국의 학군은 코로나이후 이렇게 눈부시게 변화하는 교육의 미래에도 불구하고, 왜 큰 변화가 없을 거라고 하는 걸까? 자세히 살펴보자. 우선, 교육의 미래나 시스템이 상당히 바뀐다고 해도, 현재의 SKY 대학이 그 지위를 상실할 가능성은 매우 희박하다. 물론, 항간에서 서울대 폐지론이 계속 주장되고 있지만, 현실성은 별로 없어 보인다. 다시 말해 우리나라 명문대학이나 미국의 아이비리그 대학교들은 여전히 상위 1%의 엘리트들을 위해서 존재할 것이다. 따라서 명문대학교에 자녀를 진학시키고자 하는 부모의 열정이나 엘리트층의 노력은 변할 가능성이 작다. 쉽게 말해, 부모는 자신의 자녀가 SKY에도 가고, 변화하는 미래의 훌륭한 인재도 되기를 바랄 것이다. 명문대에 갔다고 해서 미래의 인재가 되지 않는 것은 아니니까 말이다.

결국, 지금 대한민국의 학군이 좋은 대학 진학을 위해 만들어진 것이고 이로 인해 부동산의 가치 또한 형성되었다면, 그것이 하루아침에 변하기는 힘들 것이다. 게다가 학군이 단지 명문대학 진학을 위한 최적의 훈련 장소로서의 의미만 있는 건 아니다. 좋은 대학에 들어가는 것만큼이나 중요한 것은 인맥이다. 엘리트층은 엘리트층끼리 부자들은 부자들끼리 어울리고 싶은 게 인지상정. 이러한 이유로 학군은 그대로 유지될 가능성이 크다. 비슷한 수준, 같은 부류의 사람들끼리 모여 살면서 자연스럽게 자녀들이 사귀길 바라는 것이다. 심지어 이렇게 생각하는 부모도 많다. '내 아이가 SKY에는 못 가더라도 SKY에 가는 친구들이라도 사귀었으면.'

현재 학군이 만들어낸 부동산의 가치는 코로나 이후 교육계에 대변혁이 일어난다고 해도, 그다지 달라지는 것이 없으리라고 본다. 물론 변화가 전혀 없진 않을 것이다. 몇 가지 변화는 감지된다. 그중 하나는 새로운 학군의 등장이다. 과거 학군으로서의 가치를 그다지 인정받지 못했던 곳이 이제 인정받기 시작하는 것이다. 다만 이 같은 변화는 코로나로 인해 더욱 빨라질 것이다. '좋은 집'을 찾는 수요가 훨씬 늘어났기 때문이다. 거주공간으로서 집이 주는 가치가 이전에 비해 훨씬 올라가면서 대중들은 이왕에 구입하는 것 조금 무리해서라도 좋은 집을 사려고 할 것이다. 예전만 해도, '일단은 마음에 덜 드는 B 아파트를 사고 나중에 돈을 모아서 A 아파트를 사야지' 했는데, 이제는 '무리를 해서라도 이번에 A 아파트를 사야지!' 하고 마음먹는 것이다.

　무리를 해서라도 좋은 아파트를 매수해 이사하면, 그곳에는 그다지 무리하지 않고서도 좋은 아파트를 매수한 '중산층 이상'의 사람들이 살고 있다. 그런 사람들과 어울리고 그런 분위기에 익숙해지면, 자연스럽게 자녀들도 '공부하는 분위기'에 휩쓸린다. 뭐니 뭐니 해도 공부가 가장 안전한 미래를 보장하는 길이라고 여겨지기 때문이다. 미래가 이렇게 저렇게 될 것이다, 미래에는 이러저러한 인재가 주목받을 것이다 아무리 떠들어도, 도대체 무엇을 해야 미래의 인재가 될 수 있을지 확실한 것이 없다. 그에 비해 공부는 매우 안정적이다. 자녀가 공부를 잘해서 좋은 대학에 진학한 후 미래의 인재까지 되면 가장 좋고, 혹여 그렇게 안 되더라도 공부를 잘하면 적어도 생계는 유지할 수 있으리라 생각하는 것이다. 그러니 쉽게 변화가 일어나지 않는다. 경제적으로 여유가 있는 이들이 거주하는 좋은 아파트 단지 주변에는 빠르게 학군이 생겨나고 있고, 세상이 이렇게 변하고 있는데도 그들의 목표는 여전히 자녀의 명문 대학 진학이다. 그래서 새롭게 학군이 생기면 부동산 가격을 올리고, 부동산 가격이 올라가면 좀 더 부유한 중산층이 유입되고, 부유한 중산층이 유입되면 학구열이 더욱 올라간다. 좋은 학군이 주변 부동산의 가격을 좀 더 확실하게 떠받치는 구조가 생성되는 것이다.

아이러니한 것은, 세상이 이렇게 변하고 있는데도 교육이 가장 늦게 변한다는 사실이다. 실제로 지금의 삶을 보자. 10년, 20년 전에 비해 교통환경도 변했고, 주거환경도 변했고, 의상도 변했고, 먹는 것도 변했고, 의사소통 방식도 변했고, 건물도 변했고, 모든 것이 눈부시게 변했다. 하지만 예나 지금이나 학교만큼은 거의 변화가 없다. 그만큼 교육에 대한 사회적 인식과 제도는 매우 보수적으로 변한다는 걸 알 수 있다. 하여간 누군가가 나서서 코로나 이후 교육 분야에 획기적인 변화가 도래할 것이라고 이야기하더라도, 부동산 측면에서 기존의 학군과 새롭게 생겨나

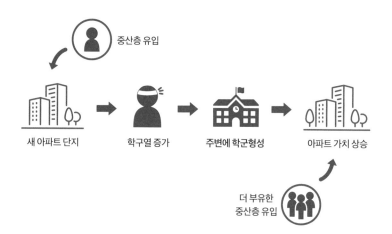

는 학군에 관해서는 보다 세밀하게 지켜봐야 한다.

그렇다고 대한민국 교육의 미래가 늘 똑같고 암울할 것이라는 말은 아니다. 처음에 말했듯, 교육 분야도 눈부시게 변화할 것이다. 지역과 출신 학교, 출신 대학 그리고 기존의 엘리트코스 등에 얽매이지 않는 새로운 방식의 교육 시스템도 등장할 것이다. 이를 통해 과거에 보지 못했던 새로운 인재들이 탄생할 것으로 본다. 자녀교육에 관해 앞서가는 생각을 하는 부모라면 기존 교육 방식을 뛰어넘는 발상을 해보길 권한다. 굳이 '비싼 비용'을 써가며 기존 학군에 들어가려고 애쓸 필요가 있을까?

다만 그렇다고 해도 부동산의 가치 측면에서만 이야기하면, 그와 같은 흐름이 부동산 가격에 영향을 미치기까지는 매우 오랜 시간이 걸릴 것이다. 따라서 부동산을 '소유'할 시엔 학군 중심으로, 부동산을 '이용'할 때는 보다 창의적으로 생각해서 접근할 필요가 있겠다.

주목할 만한 학군 지역

서울시 마포

마포는 약 3년 전부터 본격적으로 '강북의 학군'으로 불리기 시작했다. 이러한 추세는 앞으로도 이어질 것이다. 현시점 서울의 학군이라면 대치동, 목동, 중계 학군을 꼽는다. 이러한 학군이 생겨난 과정도 잘 살펴보면, 결국 대규모 단지와 대규모 엘리트 층의 유입이 영향을 미쳤다는 것을 알 수 있다. 그런 측면에서 마포는 더욱 부상해 서울의 4대 학군 중 하나로 자리 잡을 가능성이 매우 커 보인다. 코로나 이후에도 학군 프리미엄이 계속된다는 것을 고려하면, 부동산 전망도 매우 밝다고 하겠다.

실제로 서울 강북권에서 가장 비싼 아파트는 종로구 홍파동에 있는 경희궁자이다. 그런데 최근 거래된 실거래가를 비교해 보면, 마포래미안푸르지오와 경희궁자이 아파트의 가격에 거의 차이가 없을 정도로 격차가 줄었다는 것을 알 수 있다. 연수에서 3년 정도 차이가 나는 것을 감안하면 아주 이례적이다. 이 같은 배경에는 '학군'의 영향이 가장 크게 작용했을 것이다.

단지명	준공일	세대수	전용 84m² 최고 매매가 (실거래 기준)	거래일
경희궁자이 3단지	2017.02	589	18억 원	2020.8.28
마포래미안푸르지오	2014.09	1,454	17억 1,500만 원	2020.8.25

자료원: 국토교통부 실거래가

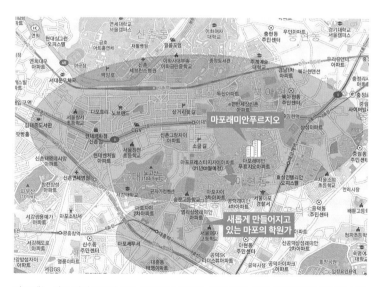

마포에는 신규 아파트들이 계속 건설되고 있으며, 그에 따라 학군 프리미엄도 꾸준히 성장하고 있다.

이처럼 마포 일대의 아파트들은 신규 아파트를 중심으로 오랫동안 강세가 이어질 것으로 본다.

장위뉴타운

서울 성북구의 장위뉴타운은 지금까지 학군과 관련된 이야기가 한 번도 나온 적이 없으며, 오히려 가장 큰 단점으로 꼽히기까지 했다. 그러나 나는 향후엔 의외로 괜찮은 학군이 탄생할 수 있으리라 본다. 서울시에서 가장 큰 뉴타운인 데다 주변에 학군이라고 할 만한 곳이 없기 때문이다. 그나마 중계동이 가장 가까운 편인데 그곳까지는 상당히 거리가 떨어져 있어서, 장위뉴타운이 완성되는 시점이 되면 새로운 학군이 생겨날 가능성이 크다. 마포의 사례에서 보듯이, 학군이 형성되면 프리미엄이 추가로 빠르게 올라간다. 이를 고려할 때, 중·장기적으로 보면 현재 학군이 없다는 이유로 저평가된 이곳을 좀 더 다른 시각으로 볼 필요가 있겠다.

게다가 장위뉴타운이 예상을 뛰어넘는 수준으로 가격이 상승하자, 재개발 지역에서 해제를 요청했던 다른 지역들까지 다시 재개발 움직임을 보이고 있다. 장기적으로 볼 때 장위뉴타운은 대규모 신규 단지로 거듭날 가능성이 커졌다. 특히 학군이 어딘가로 흡수되기 힘들 만한 위치에 있으므로 장위뉴타운 주변으로 새로운 학군이 탄생할 가능성이 매우 큰 상황이다.

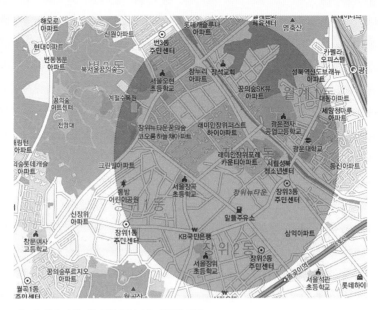
새로운 학군 탄생 가능성을 품고 있는 장위뉴타운

동탄 1기신도시

동탄 2기신도시는 2017~2018년 입주 물량이 쏟아져 나오면서 마이너스 프리미엄이 속출하는 등 상당한 고전을 겪었다. 하지만 이러한 시련(?)은 생각보다 오래가지 않았다. 이내 이 지역 아파트들의 매매가격과 전세가격이 반전하면서 극적인 변화를 가져온 것이다. 이런 일이 벌어지게 된 원인은 무엇일까? 서울 강남권과 직통으로 닿는 GTX가 개통된다는 기대감도 영향을 미쳤겠지만, 무엇보다 삼성전자와 관련된 수요가 많기 때문으로 봐야 한다. 삼성전자는 우리나라에서 가장 큰 기업인 동시에 여전히 성장하고 있는 기업이다. 삼성전자뿐 아니라 연관되어 있는 기업들도 대단히 많다. 삼성전자 유관 기업에서 일하는 사람과 그 가족까지 계산한다면, 그 수는 어마어마할 것이다. 이 같은 이유로 동탄 2기신도시는 서울과 거리가 상당히 떨어진 데다 주택 공급량 역시 어마어마했음에도 불구하고, 빠르게 프리미엄을 형성해 나갔다.

그다음은 교육이다. 이곳에 삼성전자와 관련된 사람이 많다는 점에서 무엇을 유추할 수 있을까? 좋은 성적으로 명문대학교에 진학해 대기업에 취직하는 것이 성공의 지름길이라고 생각하는 사람들이 많을 것으로 추측할 수 있다. 따라서 좋은 학군이 형성될 가능성이 상당히 크다. 게다가 동탄 주변에는 유명 학군이 없다. 있다고 해봐야 수원시의 영통구 정도인데, 영통과는 거리가 꽤 먼 데다 이 정도의 거리를 감수하면서까지 자녀를 학교나 학원에 보낼 만큼 대단한 학군이라고 볼 수는 없기에 영통으로 학군이 흡수되기는 쉽지 않을 것이다.

결국 동탄 자체적으로 학군이 탄생할 가능성이 크다. 가장 유망한 지역은 동탄 1기신도시가 자리 잡고 있는 화성시 반송동 일대다. 이곳엔 이미 학원가가 형성되어 있고, 동탄 2기신도시에 비해 임대료가 낮기 때문에 학원 운영자 입장에서도 선호할 만한 지역이다. 광교신도시가 만들어질 때 많은 전문가가 광교에 새롭게 학원가가 형성될 것으로 예측했다. 이에 영통의 학원가는 쇠락의 길을 걸으리라 입을 모았다. 하지만 결과는 완전히 딴판이었다. 광교신도시는 워낙 임대료가 비싸서 학원이 자리 잡을 수 없었고, 결국 영통의 학원가가 광교신도시의 수요까지 흡수하면서 더욱 강력한 학원가를 형성했다. 이와 비슷한 일이 반송동에서 일어날 것으로 본다. 동탄 2기신도시에 대규모의 학원가를 만들기에는 임대료가 부담되고, 반면 동탄 전 지역의 학구열은 대단히 뜨거운 상황이다. 어떻게 되겠는가?

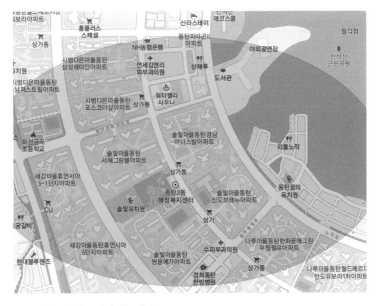

동탄 1기신도시 학군 탄생 가능 지역

동탄 1기 신도시의 학원가가 형성된 지역 주변은 아파트 연수와 상관없이 지속적으로 강세를 띨 가능성이 크다. 무너질 줄 알았던 수원 영통의 학군이 상당히 오랫동안 건재한 모습을 보이는 것처럼 말이다.

7장

제2의 강남은 누가 될 것인가?

코로나 이후 가장 주목받을 도시는 뭐니 뭐니 해도 판교가 될 것이다. 이에 대해 이견을 낼 사람은 없을 것이다. 지금 돌어켜보면 우리나라는 그래도 운이 좋은 게 아닌가 싶다. 과거 중국 경제가 무섭게 성장하면서 국내 기간산업들이 엄청난 타격을 입었는데, 오히려 그것이 지금 대한민국을 버티게 만들고 있는 건 아닐까 하는 생각이 든다.

우리나라는 전통 산업 분야에서 중국에게 주도권을 빼앗긴 후 어떻게든 이를 되찾기 위해 노력했지만, 경쟁이 안 된다는 것을 깨닫고 IT 분야로 관심을 돌렸다. 그 결과 전 세계적인 IT 강국으로 거듭나게 되었는데, 코로나가 터지면서 IT 분야가 더욱 주목받을 수밖에 없는 상황이 도래한 것이다.

우리나라 기업들이 그간 닦아놓은 IT 기반 기술이 세계적인 경쟁력을 갖추는 데 유리한 조건을 만들어주었다. 다만 IT 쪽은 기존 전통 산업과 달리 더욱 승자 독식의 구조이므로 그 치열한 경쟁을 뚫고 나가는 것이 과제로 남았다. 그럼에도 이름만 들어도 알 만한 첨단 IT 기업들이 모여 있어 가뜩이나 탄력받고 있던 판교지역이 코로나로 인해 더욱 빠르게 부각되리란 것은 틀림없다. 그리고 하나 더, 매우 중요한 호재가 있다. 바로 시흥 월곶과 성남 판교를 잇는 월판선 전철 개통이 예정되어 있다는 것이다.

'예정된 노선까지 모두 호재로 본다면 호재 없는 곳이 어디 있느냐?'고 따져 물을 사람이 있을지도 모르겠다. 그렇다. 월판선은 아직까지 착공도 하지 않은 상태이고, 현시점 2021년 착공을 예정으로 설계 중에 있다. 예정대로라면, 2021년에 착공해서 2026년에 완공되겠지만, 지금까지 단 한 번도 전철이 예정한 시

간에 완공된 사례가 없다는 것을 고려하면, 실제 완공까지는 지금으로부터 최소 7년 이상은 기다려야 할 것이다. 그와 같은 '기다림'이 필수라고 해도, 월판선은 매우 중요한 의미가 있다. 판교의 위치를 한번 잘 살펴보자. 만약 월판선까지 연결된다면, 판교는 동서남북 어디에서나 접근이 용이한 지역이 된다.

여기서 강남의 성장 과정을 생각해 보자. 강남의 탄생은 정부의 의도적인 신도시 개발에 있었으나, 정부가 의도적으로 신도시를 만든다고 해서 모두 강남처럼 되는 것은 아니다. 따라서 강남의 오늘과 같은 성장에는 여러 가지 심도 있는 분석이 필요한데, 많은 이가 알고 있듯 강북의 학군을 일부러 강남으로 옮긴 것이 주효했던 것은 아니다. 부동산 측면에서 서울의 강남이 우리나라 최고의 핵심 지역으로 성장한 데는 2가지 이유가 있다. 하나는 당시 대한민국에서 가장 핵심적인 지역이었던 광화문과 시청, 종로에 접근하기 좋은 곳에 세워진 신도시가 강남이었다는 것이고, 다른 하나는 이곳이 평지였다는 것이다.

우선 핵심적인 지역과 가까이 있다는 것은 기존 도시의 핵심적인 기능을 이용하는 데 불편함이 없다는 의미다. 강남으로 이주해도 많은 사람이 거의 불편을 느끼지 않을 테고, 향후 핵심적인 기능이 이곳으로 이전된다 해도 큰 무리가 없는 상황이 된다. 결국 오랜 시간에 걸쳐서 강남이 성장함에 따라 대기업들도 점점 강남에 자리를 잡게 되었다. 기업들이 강남에 자리를 잡아도 아무 불편함이 없으니 가능했다. 서울 도심 지역의 연관 기업과 같이 업무를 진행해도 접근이 용이했고, 당시에는 강남의 사무실 임대료가 앞서 말한 도심의 사무실보다 더 저렴했기에 경제적으로도 현명한 선택이 될 수 있었다. 이러한 이유로 점점 더 많은 기업이 강남을 선택하면서 핵심적인 기능이 차츰 강남으로 이전하게 되었고, 그러면서 강남은 본격적인 대한민국 최고의 지역으로 거듭났다.

거기에 '평지'라는 지형이 이 같은 현상을 더욱 가속시켰다. 우리나라는 지형의 특성상 평지가 드물다. 광화문과 종로, 시청 주변이 예전부터 발달할 수 있었던 것은 풍수지리적인 이유도 있지만, 역시 희소한 평지였다는 이점이 크게 작용한 덕이 크다. 그런데 강남은 그보다도 훨씬 넓은 규모에 걸쳐 평지가 펼쳐져 있다. 어느 곳에서든 접근하기 쉽고 또 어디를 가든 편리하게 이동할 수 있는 이 평지가 워낙 희소하다 보니 그 가치가 더욱 빠르게 올라간 것이다.

이와 같은 이유와 성장 과정을 거쳐서 강남은 부동산 측면에서 대한민국 최고의 가치를 지니게 되었다. 이 같은 기본지식을 토대로 지금의 판교를 한번 보라. 강남의 탄생이나 성장 과정과 매우 유사한 길을 가고 있다는 느낌이 들지 않는가? 현재 우리나

라 최고 핵심 지역인 강남과 밀접하게 연결되어 있어 강남과의
연계성이 매우 뛰어난 데다, 새로운 도시로 계획되어서 대단히
쾌적하고 세련된 도시다. 무엇보다 평지이며, 사통팔달로 사방
으로 접근이 용이한 곳이 바로 판교다.

이런 시각에서 보면, 월판선이 언제 완공되든지 되기만 한다
면 그 의미가 매우 클 것이란 것만큼은 확실해 보인다. 현시점 판
교는 위쪽으로는 강남으로의 접근이 용이하고, 아래쪽으로는 분
당선과 신분당선을 통해 분당, 수지, 광교 등과 접근이 쉽다. 또
동쪽으로는 경강선을 통해 경기도 광주와 이천까지 접근이 용이
한 상황이다. 거기에다 월판선이 연결되면 서쪽으로 의왕과 평

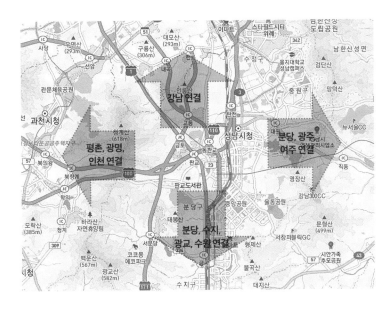

촌, 광명, 인천까지 연결됨으로써 거의 모든 지역과의 연결이 완성되는 것이다. 그야말로 강남의 성장 과정과 거의 똑같이 진행되고 있다. 게다가 앞서 말한 것처럼, 과거에 기업들이 핵심 도심에서 강남으로 이전해 왔듯이 현시점 우리나라 핵심 기업들의 이전 및 설립은 판교를 제2의 강남으로 만들기에 충분할 것으로 보인다.

그런데 여기서 또 많은 사람이 이 같은 의문을 품을 수 있다. '이미 판교는 이러한 호재와 장점이 반영돼 부동산 가격이 상당히 오르지 않았나?' 그럼 판교 부동산 가격을 한번 살펴보자. 판교의 대장 아파트라고 할 수 있는 판교 푸르지오그랑블 전용면

판교에 모여 있는 유명기업들. 카카오, 네이버, 넥슨, 엔씨소프트, 안랩, SK케미칼, 스마일게이트 등 이름만 들어도 알 만한 한국의 경제를 이끌고 있는 기업들이 대거 판교에 포진해 있다.

적 97㎡의 매매가는 무려 22억 5,000만 원이다. 입주 당시 9억 1,500만 원이었던 아파트가 7년 만에 13억 3,500만 원이 넘게 오르는 기염을 토했다. 판교 중심부에서 조금 떨어진 아파트를 봐도 마찬가지다. 약 10년 동안 2배 이상으로 가격이 뛰어올랐다.

단지명	준공일	세대수	전용 97m² 매매가
판교 푸르지오그랑블	2011.07	948	22억 5,000만 원

판교 푸르지오그랑블(전용 97m² 매매가)

단지명	준공일	세대수	전용 84m² 매매가
백현마을 2단지	2009.12	772	17억 원

그런데 강남과 한번 비교해 보자. 부동산 대상을 서로 비교하려면 최대한 조건이 비슷한 것을 찾아야 하는데, 사실 조건에는 매우 다양한 것들이 있다. 그중에서 가격에 매우 큰 영향을 미치는 아파트의 연수와 세대수, 전철역과의 거리를 감안해 최대한 비슷한 대상을 골랐다. 표에서 보듯, 두 아파트의 가격 할인율이 무려 27~37%나 된다. 이는 무엇을 의미할까? 판교 부동산의 가격이 많이 오른 건 사실이지만, 아직 강남에 비해서는 많이 저렴하다는 뜻이다. 판교가 향후 제2의 강남이 된다면, 당연히 이와 같은 가격 격차는 대단히 빠르게 사라질 것이다. 과거 강북보다 저평가되었던 강남이 그 격차를 단숨에 해소하고 오히려 최고의

단지명	준공일	세대수	매매가
판교 푸르지오 그랑블	2011.7	948	22억 5,000만 원 (97m² 기준)
청담자이	2011.1	708	31억 원 (90m² 기준)
가격 할인율			27%

단지명	준공일	세대수	전용 84m² 매매가
반포리체	2010.10	1,119	27억 원
판교 백현마을 2단지	2009.12	772	17억 원
가격 할인율			37%

지역으로 거듭났듯이 말이다.

　과거의 사례를 한번 살펴보자. 다음 지도에서 보듯 두 아파트
가 있다. 이들 아파트의 매매가는 얼마나 할까? 어느 아파트의
가격이 더 비쌀까? 비슷하지 않을까 싶은 사람도 많을 것이다.
실제로 비슷하다. 물론 세대수에서 상당한 차이가 있지만, 일단
1,000세대 이상이 되는 아파트의 경우 세대수가 부동산 가격에
미치는 영향이 그리 크지 않다는 점을 감안하면, 실제로 조건은
비슷한 셈이다. 그런데 2007년에는 이 아파트들의 상황이 굉장
히 달랐다.

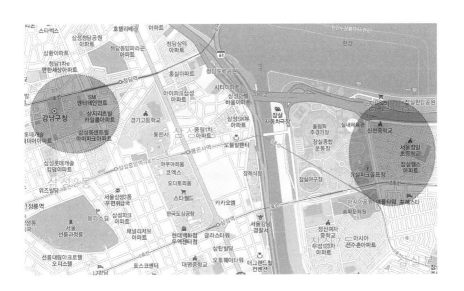

나는 2007년 당시에 잠실의 성장성을 대단히 높게 평가하며 강조했다. 향후 잠실은 강남과의 격차를 거의 줄이게 될 것이므로 부동산 투자 측면에서는 강남보다는 잠실을 선택하는 것이 더욱 수익성이 높을 것이라고 주장했다. 잠실이 강남과의 가격 격차를 줄일 것으로 본 것은 우선 강남과 잠실이 인접해 있는 데다 평지로 연결되어 있었기 때문이다. 게다가 강남이 부동산 측면에서 더욱 핵심적인 지역으로 부각되면서 주변으로 그 영향력이 팽창할 시점에 놓였기 때문이라는 게 가장 큰 이유였다. 강남이 팽창한다면 어디로 팽창할까? 가장 유력한 곳은 잠실이었다. 그렇게 약 10년이 지난 지금 어떻게 되었을까?

　2007년도 당시 강남과 잠실의 격차는 약 20~30% 정도였으나, 현재는 거의 차이가 없게 되었다는 것을 확인할 수 있다. 바로 이와 같은 일이 판교에서도 벌어지게 될 것이다. 물론, 이유는 조금

단지명	준공일	세대수	전용 84m² 매매가	
			2010년 4월 기준	2020년 9월 기준
삼성힐스테이트 1단지	2009.01	1,144	12억 원	23억 원
잠실 엘스	2008.09	5,678	9억 원	22억 5,000만 원
가격 할인율			25%	2%

다르다. 잠실이 강남과의 격차를 줄이게 된 데 강남의 팽창이 주효했다면, 판교가 강남과의 격차를 줄이는 데는 강남과 인접한 곳에 강남과 같은 기능을 가진 곳이 탄생했다는 것이 가장 큰 이유가 될 것이다.

이 같은 사항을 염두에 두고 향후 성장성을 예측해 보자. 우선, 서울의 강남도 계속해서 성장할 테지만 과거와 같은 성장은 없을 것으로 볼 때, 5년 안에 10% 정도의 가격 상승이 예측된다. 표에서 보듯, 판교 푸르지오 그랑블은 전세금을 레버리지로 활용할 경우 투자 금액 대비 가격 상승률이 93%에 달한다. 물론, 이는 5년 이내에 판교가 강남 같은 수준이 된다고 가정했을 때다. 과연 그렇게 될 수 있을까? 근거가 있는가? '5년'이라는 기간에 대한 근거는 없다. 청담 자이의 가격이 5년 이내 10% 상승한다는

구분	청담 자이 (전용 89m²)	판교 푸르지오 그랑블 (전용 97m²)	가구당 평균 매매가
매매가 (2020년 9월 기준)	31억 원	22억 5,000만 원	
전세가	16억 원	10억 원	
투자금	15억 원	12억 5,000만 원	매매가-전세가
5년 후 예상 매매가 (매매가 상승분)	34억 1,000만 원 (3억 1,000만 원)	34억 1,000만 원 (11억 6,000만 원)	강남의 상승여지를 10%, 판교가 가격 격차 를 없앴을 경우로 계산
투자 금액 대비 가격 상승률	21%	93%	매매가 상승분/투자금 ×100

근거도 없고, 그 이상이 될지 그 이하가 될지도 알 수 없다. 그러나 강남 부동산의 가격 상승률이 5년 동안 10%라면 매우 보수적으로 가정한 것이다. 판교가 강남을 얼마 만에 따라갈지는 모르지만, 매우 빠른 시간 내에 따라갈 것만은 확실하므로 이를 수치로 가정한 것이다. 다시 말해, 5년 내에 판교의 부동산 가격이 100%에 가깝게 상승할 것이라는 근거는 없지만, 판교가 빠른 시간 내에 강남과 비슷한 수준이 된다는 것이 확실하므로 판교는 이미 오른 가격대에도 불구하고, 지금부터도 충분히 상승할 수 있다는 것이다.

그와 같은 맥락에서, 서판교도 주목해 볼 만하다. 서판교의 아파트는 동판교와 비교했을 때, 가격 할인율이 약 20% 정도다. 현 시점 서판교의 입지나 기반시설들을 고려할 때 향후 월판선이 개통해 전철이 지나는 상황까지 감안해도 적절해 보인다. 만약 할인율이 과도하다면 투자처로서 메리트가 있겠지만, 그런 상황은 아니라는 뜻이다. 그렇다고 해서 투자가치가 없는 건 아니다.

단지명	준공일	세대수	전용 84m² 매매가
동판교 백현마을 2단지	2009.12	772	17억 원
서판교 산운13단지 휴먼시아데시앙	2010.06	1,396	14억 원
가격 할인율			18%

동판교가 강남과 비슷한 수준으로 상승할수록 서판교 역시 동반 상승할 것이고, 그렇다면 상승률 역시 비슷할 테니 말이다. 그렇다면 일단 동판교에 비해 투자금이 적게 들어가므로 적극적으로 관심을 가져볼 만하겠다.

현시점에서 강남과 판교를 비교해 봐도, 이미 쾌적한 환경 측면에서 판교가 강남을 앞선 상황이다. 과거에 새롭게 만들어진 강남이 강북의 복잡한 도심에 비해 쾌적했던 것과도 비슷하다. 특히 지금과 같은 상황이 지속된다면 일자리 면에서 판교가 강남을 앞서는 건 시간 문제일 것이다. 이미 강남의 여러 오피스 건물에는 공실이 늘고 있다. 많은 비즈니스 업체들이 높은 임대료

서판교의 주요 단지들

단지명	타입	연수	매매가
휴먼시아데시앙	84m²	11년 차	14억 원
대광로제비앙	84m²	12년 차	14억 원
대방노블랜드	84m²	12년 차	14억 원
판교원한림풀에버	85m²	12년 차	14억 원
휴먼시아푸르지오5단지	86m²	12년 차	14억 원
현대힐스테이트11단지	101m²	12년 차	14억 원

를 감당하지 못하기 때문이기도 하고, 도래한 4차 산업혁명 시대에 각광받지 못할 산업들이 이곳에 다수 포진되어 있기 때문에도 그렇다.

반면 판교는 어떤가? 4차 산업혁명 시대에 핵심적인 역할을 담당할 기업들이 포진되어 있다. 실제 인구구조만 살펴봐도 매우 젊은 세대로 구성되어 있다. 어디서나 그렇지만, 젊은 인구가 많이 포진되어 있는 지역일수록 미래가 밝다고 볼 수 있다. 판교가 한국 경제 생태계에서 중요한 역할을 담당하게 될 곳이라는 점에는 이견을 달지 못할 것이다. 또한 판교는 제2, 제3 테크노밸리 부지 조성을 마무리했고, 새로운 기업들의 입주를 기다리고

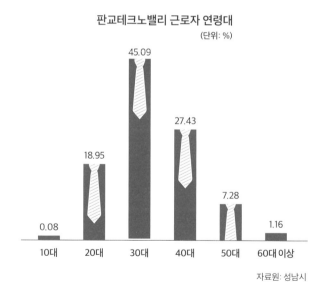

판교테크노밸리 근로자 연령대

(단위: %)

자료원: 성남시

있는 상황이다. 지속적으로 팽창하고 있는 그야말로 젊은 도시다. 그에 비해 강남은 '늙은 황제' 같은 도시라고 볼 수 있겠다.

　결국 판교 부동산에 영향을 미칠 요소 중 딱 1가지만 남았다. 학군이다. 학군이라는 것은 앞서 언급했듯이 쉽게 바뀌지 않을 것이다. 이 역시 강남의 사례에서 생각해 볼 수 있다. 1970년대 강남이 처음 만들어지던 당시에 박정희 정권은 강남과 강북의 균형 개발이란 명분을 앞세워 당대 최고의 고등학교인 경기고와 서울고, 휘문고 등을 강제로 강남으로 이주시켰다. 강남이 이에 덕을 본 것은 사실이지만 이후 곧 평준화가 되었다는 것을 감안

경기 성남 '제3판교테크노밸리' 조성 계획

자료원: 경기도

하면, 단지 명문 고등학교의 이주로 강남이 부동산 측면에서 빛을 봤다고 할 수는 없을 것이다. 결국 강남의 성장과 명문 학군의 탄생을 이끈 것은 신흥부자들의 역할이라고 봐야 한다. 신흥부자들이 모여 있다 보니 학구열이 높아졌고, 이를 통해 난공불락의 요새와 같은 학군이 공고히 자리 잡은 것이다.

지금의 판교도 거의 유사한 상황이다. 신흥부자들이 가장 많이 탄생하고 있으나 학군은 아직까지 강남에 못 미친다. 그러나 학군 역시 강남 수준으로 올라갈 것으로 본다. 여러 가지 이유로 판교는 향후 성장하는 정도가 아니라, 코로나 이후 더욱 급격히 발전에 발전을 거듭해 제2의 강남이 될 것이다. 보다 공격적으로 보자면, 판교는 향후 5년 안에 강남과의 격차를 거의 없앨 것이고 보수적으로 봐도 향후 10년 내에 그 격차를 완전히 줄일 것으로 본다.

여기에 또 하나 중요한 포인트가 있다. 많은 사람이 이미 판교가 좋다는 것쯤은 알고 있고 판교가 주목받고 있다는 것도 모르는 사람이 없을 정도이지만, 판교가 이렇게 빨리, 이렇게나 많이 강남과의 격차를 줄이리라고는 예상하기 힘들었을 것이다. 그러나 이것 말고도 보통 사람이 예상하지 못하는 1가지 요소가 더 있다. 그것은 바로, 판교가 제2의 강남이 될 경우 판교의 영향력이 매우 커져서 그 영향권 내에 들어오는 도시까지 함께 성장할 것이라는 점이다.

판교의 영향력이 미치는 곳이라면 어디를 의미하는 걸까? 이 역시도 강남의 사례를 생각해 보면 된다. 가장 비싼 아파트들이 모여 있고 일자리가 많은 데다 교통의 요충지라는 점에서 대중은 강남과의 접근성이 좋은 곳을 선호한다. 그래서 강남과 가까운 지역일수록 부동산 가격이 비싸다. 또 실제 거리상으로는 가깝지 않더라도 교통거리가 가까운 곳 역시 비싸다. 대표적인 곳이 분당이다. 실제로 분당은 강남과의 직선 거리로는 16Km에 가까운데, 분당선으로 쉽게 오갈 수 있어서 수내역의 양지마을의 경우 같은 거리에 있는 강북구 수유역 인근 아파트에 비해 2배 가까이 비싸다.

물론 분당이 단순히 강남과의 교통거리가 짧기 때문에 더 비싼 것만은 아니다. 이 외에도 여러 가지 요소가 있지만, 어찌 됐든 분당이 비슷한 거리의 여러 곳과 비교해 봤을 때 가격이 탁월

단지명	준공일	세대수	전용 84m² 매매가
분당구 양지마을 한양	1992.05	1,430	13억 원
강북구 수유벽산	1992.10	1,454	5억 9,000만 원
가격 할인율			54.6%

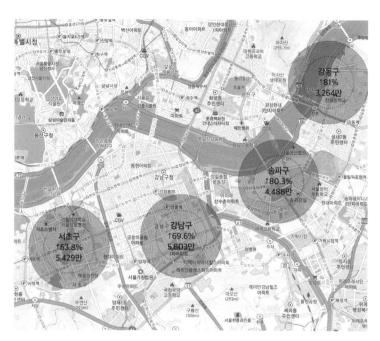

2014년부터 2020년까지 각 구별 아파트 가격 상승률. 강남보다는 송파, 송파보다는 강동이 더 많이 올랐음을 보여준다.

하게 높은 건 역시 강남과의 접근성 때문이다. 그렇다면 판교가 강남처럼 된다면 어떻게 될까? 판교와 접근성이 좋은 지역이 주목받게 될 것이다. 10여 년 전 강남의 팽창이 잠실을 변화시켰는데, 그 변화 여파가 단지 잠실에만 미쳤던 것은 아니다. 잠실이 변화하면서 또 극적인 변화를 일으킨 곳이 있는데, 바로 강동이다. 잠실이 강남 수준으로 변하게 되자, 잠실 바로 옆에 붙어 있던 강동의 지위가 갑자기 달라지게 된 것이다. 그래서 강동은 몇 년 내 서울에서 가격이 가장 많이 상승한 지역 중 하나가 되었다,

이러한 현상들이 이제는 판교를 중심으로 일어나게 될 것이다. 이미 판교 주변 도시들의 부동산 가격은 상당히 많이 올랐고, 비싸다고 느껴지는 곳도 많다. 그러나 30년이 넘는 기간 동안 강남의 부동산이 한 번이라도 싸다고 느껴진 적이 없었던 것처럼, 단지 본인의 시각에서 '비싸다'는 것이 기준이 되어서는 안 된다. 판교가 강남처럼 되고 판교가 부동산에 있어서 제2의 중심지가 된다면, 이를 중심으로 그 영향력이 어디까지 뻗어나갈지 다시 한번 생각해 볼 필요가 있다. 그 힘이 뻗어나가는 곳의 변화는 수년 내에 매우 극적으로 나타날 것이다.

주목할 만한 판교 영향권

죽전

용인시 수지구의 죽전은 참 묘한 곳이다. 사실 지리적으로만 보면, 분당과 매우 가깝게 붙어 있기 때문에 분당의 후광 효과를 기대할 수 있는 최적의 위치다. 그런데 놀라운 건 지금까지 죽전에서 '분당 효과' 같은 것을 전혀 발견할 수 없었다는 것이다. 이렇게 된 데는 분당 자체가 막강한 힘을 가지고 있던 게 아니라, 분당 역시 강남의 힘에 수혜를 입었던 이유가 크다. 다시 말해, 강남의 힘으로 분당 부동산의 가격이 올랐기에 그 힘이 죽전까지 미치기에는 한계가 있었던 것이다.

죽전에도 강남과 연결되는 전철이 있다. 그런데 왜 큰 영향이 없었을까? 죽전역은 실제로 죽전의 아파트들과의 접근성이 그다지 좋지 않다. 도보권에 놓인 아파트가 거의 없는 데다가 분당선이 강남까지 가기는 하지만 성남을 거쳐서 가기에 큰 장점이 될 수 없다. 그래서인지 죽전은 입지적인 장점에도 불구하고 부동산 가격 상승에서는 소외될 수밖에 없었다.

그런가 하면 같은 용인시의 수지는 반대의 상황을 보였다. 조성 당시에는 '난개발'이란 오명이 붙을 정도로 교통 상황이 매우 열악한 곳이 수지지구였다. 경부고속도로를 가운데 두고 그 반대편에 위치해 있었던 탓에 수지지구의 사람들은 분당으로 와서 경부고속도로를 타든지, 다른 도로를 이용해야 했다. 이 때문에 그 길목이었던 풍덕천 일대가 늘 극심한 교통혼잡을 빚었다. 그랬던 수지가 신분당선의 개통 이후 완전히 개과천선하게 되었다. 강남과 직선으로 연결된 것이다. 당연히 부동산 가격에도 날개가 달렸다.

이제 기준점을 판교로 놓고 다시 보자. 우선, 죽전에서 판교까지는 반드시 전철로 이동할 필요가 없다. 버스로 가도 30분 내외가 소요된다. 판교로 출·퇴근하는 데 전혀 지장이 없다고 볼 수 있다. 접근성이 나쁘지 않은 수준으로 바뀌는 것이다. 그런 상황에서 수지의 아파트와 한번 비교해 보자.

단지명	준공일	세대수	전철역까지	전용 84m² 매매가
수지 진산마을삼성5차	2003.07	1,828	버스로 10분	7억 2,000만 원
죽전 힐스테이트	2004.06	1,998	버스로 16분	6억 1,000만 원
가격 할인율				15%

　2020년 9월 현시점, 죽전 아파트의 가격이 약 15~20% 정도 낮게 형성되어 있는데, 실제 판교를 중심으로 본다면 입지적 차이는 거의 없다고 볼 수 있다. 게다가 죽전은 교통환경의 단점을 제외하고는 도시의 구성 측면에서 수지보다 훨씬 낫다. 난개발의 오명을 뒤집어썼을 정도로 도시가 매우 복잡하게 구성된 수지에 비해 죽전은 매우 계획적으로 조성되어 있다.

　그럼에도 불구하고, 역시 현시점에선 수지가 훨씬 나은 도시처럼 보이는 게 사실이다. 그동안 수지에 신규 아파트가 꾸준히 공급된 이유가 크다. 신규 아파트가 공급되면서 가격이 상승하면, 그 상승으로 인해 기존 구축 아파트 가격까지 올라가는 현상이 나타나기 때문이다. 또한 실제로도 신축 아파트가 많이 들어오면 당연히 도시 자체도 훨씬 밝고 세련되게 변할 수밖에 없다. 반면 죽전의 경우, 2006년 이후로는 신규 아파트의 공급이 한 번도 없었기에 대중의 관심에서 벗어났고, 외관상으로도 그다지 매력적으로 보이지 않았던 것이다.

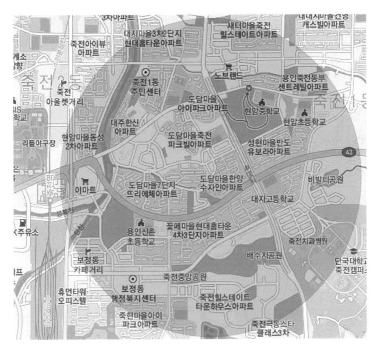

죽전에는 역세권이라고 할 만한 아파트들이 많지 않기 때문에 역세권보다는 대단지, 연수가 비교적 적은 아파트 위주로 보는 것이 좋다.

　향후에도 죽전에 신규 아파트 공급이 없다는 것이 큰 단점이 되겠지만, 최소한 같은 준공 연수의 아파트들은 수지와의 격차를 빠르게 줄여나갈 것으로 본다. 물론, 수지 아파트와의 격차를 줄이는 것에 큰 의미가 있는 것은 아니다. 중요한 건 판교의 영향을 받는 것인데, 분당의 사례를 생각해 보면 된다. 분당은 현재 거의 대부분의 아파트 연수가 30년에 육박한다. 매우 낡았음에도 전용면적 $84\,m^2$ 아파트의 매매가가 12억~13억 원에 이른다.

리모델링이나 재건축 이슈도 없는데 이 같은 시세를 유지할 수 있는 것은 강남의 힘 때문이다. 이 같은 힘, 즉 이제는 판교의 힘이 장기적으로 죽전에도 미칠 것으로 예상하면, 지금과는 다른 시세를 형성할 가능성이 크다.

신갈역 일대

용인시 기흥구의 신갈역 일대는 매우 작은 택지개발지구로, 그야말로 조용한 실버타운 느낌이 드는 곳이다. 부동산적인 측면에서 이렇게 '조용한 곳'은 가치가 높다고 보기 힘들다. 아무래도 활기차고, 젊은이들이 많고, 유동인구가 많은 곳일수록 부동산으로는 가치가 높다.

수인분당선 신갈역 일대가 그동안 조용했던 것은 택지개발 규모가 작다는 이유도 있지만, 무엇보다 사통팔달이 아닌 지형 탓이 컸다. 우선 서쪽으로는 경부고속도로가 막고 있고, 동쪽으로는 골프장이 막고 있다. 남쪽은 그다지 큰 의미가 없고, 북쪽으로는 분당으로 가는 거의 외길 수준의 도로만 있을 뿐이다. 그렇다 보니 아무리 전철이 있어도 다른 교통수단으로는 이동이 불편하기에, 강남에 직장을 둔 이들이 선호할 수 없는 지역이었다. 그러나 판교에 더 많은 일자리들이 생겨난다면 상황이 매우 달라질 것이다. 우선 신갈에서 판교까지는 전철로 접근이 매우 용이하다. 사통팔달은 아니지만, 보다 중요한 일자리와의 접근성이 뛰

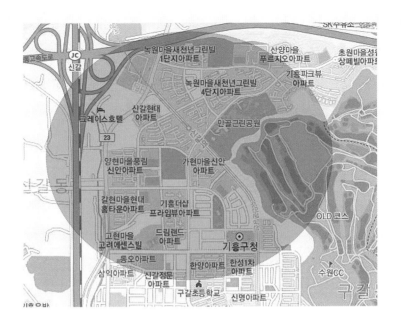

어나므로 그외 단점들은 작게 보일 것이란 뜻이다.

또한 택지개발을 한 곳이라는 장점도 부각될 가능성이 크다. 신갈 일대는 비록 규모는 작아도 환경이 매우 쾌적하고, 도시가 잘 정돈되어 있다는 느낌이 든다. 이는 자녀를 키우는 30~40대 들에겐 매력적으로 다가올 것이다.

동백지구

용인의 동백지구는 수도권 일대에서 대규모 택지개발을 한 곳 중 유일하게 전철이 없는 곳이다. 정확히 말하면 용인경전철이라는 게 있긴 하지만, 많은 사람이 알고 있듯 이미 어마어마한 적자를 기록 중이고 이용객도 거의 없는 실정이다. 노선이 대중들이 이용하기에는 적합하지 않게 조성된 탓이다. 그래서 동백지구는 전철이 없는 곳이라고 봐도 무방하다. 이러한 여러 가지 이유가 결합되어 동백지구는 비교적 큰 규모의 택지개발지구임에도 세간의 주목을 받지 못했다.

그런데 코로나 이후 판교의 영향력이 커진다면, 그 여파가 동백지구까지 올까? 사실 이는 매우 대담한 예측이라 어디서도 이와 비슷한 예측을 하는 것을 들어본 적이 없다. 그러나 결론만 말하자면, 그렇게 될 것이다. 우선 동백지구는 주거환경이 매우 쾌적하고, 도시가 잘 정리되어 있으며, 편의시설 및 도시기반시설도 아주 잘 갖춰져 있다. 한마디로, 일자리와의 접근성만 빼면 모두 높은 점수를 줄 만한 지역이다.

현재 동백지구에 거주하는 이들의 일자리는 대부분 용인시청 일대와 수원 삼성전자 쪽이다. 강남으로 출근하는 사람은 거의 없다고 봐야 한다. 그러나 몇 년 전부터 판교로 출근하는 사람들이 늘고 있다. 또한 용인세브란스 병원이 개원하면서 관련 업무자들도 늘고 있다. 인구의 구성이 바뀌고 있는 것이다.

특히 판교를 기준으로 볼 때, 동백지구는 대중교통으로 딱 1시간 거리에 있다. 따라서 통근거리에 있어서는 판교의 영향을 받는 마지노선에 위치한다고 볼 수 있다. 조금 과장해서 말하자면, 딱 여기까지 판교의 영향력이 미칠 것으로 본다. 물론, 영향력이 겨우 미칠 곳보다는 영향력이 충분히 미칠 곳에 관심을 갖는 것이 낫지 않나 싶을 수 있다. 그럼에도 이런 경계선에 위치한 곳까지 관심을 가져야 할 이유는 상승 여력과 낮은 금액 때문이다. 지금으로 치자면, 강남의 영향력이 남쪽으로는 딱 광교까지, 서쪽으로는 평촌까지, 동쪽으로는 미사까지, 북쪽으로는 구리까지 미친다고 볼 때 바로 그 경계선 같은 위치에 동백지구가 있다는 말이다. 판교의 영향력이 과연 강남이 그랬듯 '딱 동백까지' 미칠지는 한번 지켜볼 일이다.

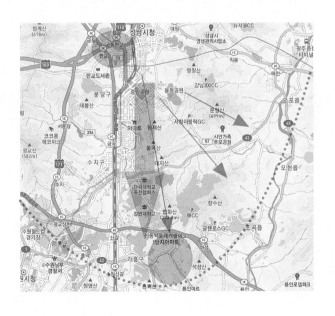

8장

전원주택의
달라질 위상

코로나 이후 사람들이 선호하는 주거 형태가 바뀔 것이라고 예견하는 목소리가 크다. 전원주택을 찾는 사람이 증가할 것이라는 주장이 대표적이다. 아파트가 코로나 같은 전염성 바이러스에 취약한 형태라는 것은 누구나 알고 있다. 또 앞서 설명한 것처럼 집 안에 머물러야 하는 시간이 많아지고 재택근무의 일상화로 업무까지 집에서 해야 함에 따라, 좀 더 넓고 쾌적한 공간을 찾는 사람들이 증가한 것은 분명하다. 이에 새로운 대안으로 주목받는 전원주택의 가치가 올라갈 것으로 짐작하는 것이다.

우선, 코로나 이후로 전원주택을 찾는 사람들이 늘어날 것은 확실하다. 예전에 비해 수요가 크게 증가할 것이다. '막상 전원주택에서 살아보면 개고생'이라던 말도 옛말이 되고 있다. 교통환경이 획기적으로 좋아졌기 때문이다. 실제로 수도권 일대 전원주택지에는 젊은 사람이 몰려드는 현상까지 목격된다. 과거엔 전원주택이 은퇴한 이들이 가는 곳이었다면, 이제는 젊은 세대들도 살고 싶어 하고 거주하기에도 불편함이 없는 곳으로 변하고 있는 것이다. 무엇보다 재택근무가 점점 더 늘고 있는 상황에서 IT 기술의 발달과 교통환경의 혁신적인 변화가 전원주택 생활을 더욱 편리하게 만들 것이다.

그렇다면, 전원주택의 가격은 향후 지속적으로 상승할까? 부동산의 가격은 당연히 시장의 논리를 따른다. 수요가 몰리면 가격이 오른다. 따라서 전원주택의 가격도 상승할 수 있다. 다만, 여기서 반드시 알아둬야 할 매우 중요한 사항이 있다. 전원주택의 경우 '투자처로서의 가치'는 그다지 높지 않다는 것이다. 다시 말해, 가격 상승의 정도가 다른 부동산 대상들에 비해 매우 높은 수준으로 가지는 못 할 것이다.

그 이유는 전원주택의 공급성 때문이다. 전원주택의 공급 과정은 절대 만만치 않다. 허가받아야 할 사안이 많은 데다 허가도 쉽게 나지 않는다. 그러니 전원주택의 공급이 원활하게 이뤄지긴 쉽지 않다. 하지만 그렇다고 해서 전원주택을 구하는 게 매우 어려운 것만은 아니다. 수요에 비해 공급이 매우 부족할 정도는 아니기 때문이다. 예를 들어, 서울의 아파트는 아무리 짓고 싶어도 지을 수 있는 자리가 없다. 대규모 재건축이나 재개발을 해야만 가능한데, 그러기까지는 엄청나게 많은 시간이 소요되기에 당연히 수요에 비해 공급이 부족해지는 현상이 나타난다. 이 때문에 다른 대상에 비해서 아파트의 가격이 높게 상승하면서 부동산 수익적인 측면에서 초과 수익을 거둘 수 있다. 반면, 전원주택은 그렇게 될 수가 없다. 전원주택을 광고하는 분양업체들의 광고를 한번 보자.

'북한강변 마지막 한강뷰'
'□□ 내 마지막 계곡 전원주택'

전원주택을 홍보하는 광고에는 이런 식의 문구가 많다. 그런데 생각해 보자. 정말 '마지막'일까? 광고를 하고 있는 시점에서는 이 문구의 내용이 맞는 것일 수 있다. 또 한강을 인접해서 바라보는 것으로는 마지막일 수 있다. 그러나 북한강이 바로 눈앞에 있어야만 볼 수 있는 건 아니다. 조금 떨어진 산에서도 시원하게 내려다볼 수 있다. 그런가 하면 건축법도 매번 바뀐다. 몇 년 전에는 허가되던 사항이 갑자기 안 되기도 하고, 허가를 내주지 않던 사항도 허가되기도 한다.

결국, 전원주택 자체의 '희소성'을 만들기는 쉽지 않다는 말이다. 경기도 양평을 예로 들자면, 양평은 1급 수질관리지역으로 거의 전역이 상수원보호구역이라서 건축 허가가 쉽지 않다. 절차도 매우 까다로운 데다 허가 가능면적도 적다. 그러니 앞으로 수요가 아무리 많이 몰린다고 해도, 양평이 전원주택 천지가 되는 일은 없을 것이다. 그러나 전원주택지가 양평에만 있는 건 아니다. 양평 자체에도 지금껏 개발되지 않은 곳이 더 개발될 여지가 있고, 전원주택의 수요가 과거보다 늘어난다면 새로운 전원주택지들이 많이 생겨날 거라는 뜻이다.

그리고 여기서 다시 한번 코로나 이후에 전원주택을 찾는 사람들이 늘고 있다는 사실을 떠올려보자. 이들은 대개 젊은 세대다. 전염성 바이러스로 인한 불안감 때문에 기왕이면 많은 사람과 부딪히지 않아도 되는 안전하고 위생적인 환경을 원한다. 또 재택근무를 한다고 해도 가끔씩 도심에 나갈 일이 있고, 자녀들도 교육해야 한다. 상황이 이렇다면 어떤 전원주택이 각광받게 될까? 전원주택이라고 할 때 일반적으로 떠올리는 대단히 멋진 뷰와 엄청난 자연환경을 갖춘 곳일까? 그렇진 않을 것이다. 코로나 이후 젊은 세대가 선호할 만한 전원주택은 뛰어난 뷰와 자연환경보다는 안전하고 쾌적한 주거환경, 거기에 도심 접근이 비교적 쉽고 학령기 자녀들을 교육하기에도 좋은 곳이다. 결국 기존 전원주택의 개념, 즉 은퇴 후 여유로운 생활을 위한 공간이나 요양하기 좋은 주택이 아닌, 새로운 개념의 전원주택들이 출현할 것이다. 그런 측면에서 보자면, 이 같은 전원주택이 공급될 수 있는 지역은 꽤 많을 수 있다. 그렇게 공급이 원활해진다면 자연스럽게 초과 수익을 달성할 수 없는 상황이 된다.

또 생각해 봐야 할 것이 있다. 전원주택은 거래가 매우 어렵다는 것이다. 어떤 대상이든 마찬가지이지만, 일단 거래가 쉽지 않은 대상은 가격이 빠르게 상승하기 어렵다. 결정적으로 환금성에 문제가 있다는 것은 향후 소유자가 어떤 매도 사정이 생겼을 경우 기대보다 훨씬 낮은 가격에 팔아야 할 수도 있다는 뜻이다. 그렇다면 그동안 아무리 부동산 시세가 오른다고 해도 본인과는 아무 상관이 없는 것이나 다름없다.

마지막으로 생각해야 할 점은, 부동산의 여러 대상 중에서도 단독주택은 감가상각이 매우 크다는 것이다. 아파트 역시 감가상각이 되지만, 그 토지의 가치가 감가상각을 커버하고도 남는다. 그래서 아파트의 가격은 더 오른다. 정확하게 말하면, 아파트 자체의 가격이 오르는 게 아니라 아파트가 깔고 있는 땅값이 오르는 것이다. 그렇다면 아파트의 감가상각 속도보다 지가가 오르는 속도가 더 빠른 이유를 생각해 봐야 한다. 이유는 역시 희소성이다. 아파트가 깔고 있는 토지를 대체할 수 있는 수단이 없고, 여러 기반시설이 집약되어 있는 지역의 토지는 그렇지 않은 곳에 비해 탁월한 가치를 가질 수밖에 없다. 이 때문에 그런 지역의 아파트 가격이 계속해서 오르는 것이다.

전원주택은 어떤가? 토지의 희소성이 작기에 건물에 대한 감가상각을 고려해야 한다. 이는 굳이 '감가상각'이라는 경제용어를 사용하지 않아도, 전원주택을 매수하려는 입장에서 생각하면 금방 이해할 수 있을 것이다. 자, 내가 전원주택을 사려고 한다. 어떤 전원주택을 보겠는가? 당연히 신축된 전원주택을 볼 것이다. 지어진 지 오래된 전원주택을 보려는 사람은 거의 없다. 구축 전원주택을 찾는 사람이라면, 아마 이를 완전히 허물고 다시 지으려는 생각을 하고 있을 가능성이 크다. 따라서 소유주라면 전원주택을 매도할 때는 건물의 가치를 모두 뺀 상황에서 토지의 가치로만 거래한다고 생각해야 한다.

그렇다면 전원주택은 절대 사지 말아야 하는 대상이라는 뜻일까? 그렇지 않다. 코로나 이후 전원주택의 가격은 '완만하게 상승'할 것이다. 완만한 상승이라는 것은 은행이자 수준의 상승을 뜻한다고 보면 된다. 사실 여기엔 매우 많은 의미가 담겨 있다. 우선, 건물 자체의 감가상각에도 불구하고 은행이자 수준으로 가격이 상승한다는 것은 감가상각을 커버할 정도로 지가가 상승할 것이란 뜻이다. 다시 말해, 상승 정도가 결코 낮은 건 아니다. 이것이 예전과 달라진 점이다. 과거에는 일단 전원주택을 매수하면 매도할 때 결국 손해를 볼 수밖에 없었다. 그런데 이제는 적어도 손해 보지는 않게 될 것이다. 물론 이러한 상황이 모든 전원주택에 해당하는 건 아니다. 이제 전원주택도 잘 골라서 매수하면, 거주하는 동안에는 편리함과 쾌적함을 누리고 매도할 때는 손해 보지 않는 상황이 되었다는 의미다.

또한 손해 보지 않을뿐더러 은행이자 수준의 수익을 내며 매도할 수 있다는 것은, 본인의 거주비용이 전혀 들지 않는다는 뜻이다. 나쁘지 않은 것이다. 예를 들어, 만약 임대 방식으로 어딘가에 거주한다면 집주인에게 월세든 전세보증금이든 지급해야 한다. 그것이 거주비용이다. 그런데 거주비용을 한 푼도 들이지 않고 편안하게 머무른다는 것만으로도 충분히 가치 있는 게 아닐까? 이것이 코로나 이후 변화할 전원주택의 위상이다.

이처럼 '은행이자 수준의 가격 상승'은 큰 의미가 있으나, 상대적으로 볼 때는 그다지 의미가 없을 수도 있다. 투자자 입장에서는 별 매력이 없다는 뜻이다. 투자란 언제든 초과 수익이 날 수 있는 대상을 찾는 일이다. 언제나 대상을 비교해야 하고, 비교를 통해 내린 선택이 시장의 흐름에 따라 전혀 다른 결과를 내기도 한다. 이것과 저것의 절대적인 비교뿐 아니라, 시장의 흐름에 따라 '지금은 이것' '지금은 저것' 하는 식으로 선택하는 게 투자다. 다양한 요인을 종합적으로 보고 비교해서 좀 더 나은 대상에 베팅하는 것이 투자의 핵심이다. 그런 의미로 봤을 때, 전원주택은 투자 대상으로 적합하지 않다.

이제 전원주택을 매수하려는 사람의 입장에서 한번 정리해 보자. 전원주택을 살 계획이라면 매수를 서두르는 것이 낫다. 시간이 지날수록 좋은 위치의 전원주택지는 가격이 올라갈 것이기 때문이다. 게다가 건축비도 상승한다. 그러니 미루면 미룰수록 불리할 수 있다. 단, 이렇게 매수한 전원주택이 엄청난 자산을 형성해 줄 것으로 기대하지는 않는 게 좋다. 그럼에도 불구하고 초과 수익을 달성할 수 있는 전원주택지가 아예 없다는 건 아니다. 수익을 안겨줄 지역은 반드시 있다. 그런데도 다소 부정적인 이야기를 먼저 한 것은 코로나 이후 전원주택의 미래를 지나치게 긍정적으로 보는 이들이 많기 때문이다. 전원주택을 선택할 때는 앞의 설명을 염두에 두고 좀 더 현실적으로 선택했으면 한다. 장밋빛 미래만 생각하다가는 큰 실수를 저지를 수 있다.

이런 상황에서도 초과 수익을 달성할 만한 전원주택지를 찾아보려는 노력은 해볼 필요가 있다. 과거 제주도의 사례를 떠올려 보면 된다. 제주도는 사방 천지에서 바다가 보이기에 바다뷰의 위치라고 해서 부동산의 가치를 특별히 인정해 주지는 않았다. 그러나 실제로 바다뷰 위치에 예쁜 카페나 그림 같은 집을 지어 놓으니 그곳이 완전히 다른 곳이 되어버렸다. 많은 사람이 몰리면서 가격까지 급등했다. 게다가 갑작스럽게 늘어난 중국인들의 방문으로, 제주도의 가치가 한 단계 업그레이드되면서 땅의 가치도 폭발적으로 상승했다.

이런 사례를 고려할 때, 전원주택 중에서도 폭발적으로 가격이 상승할 곳이 있을 것이다. 다만 이런 경우를 기대한다면 절대 '분위기'에 편승하려고 해서는 안 되고 남들이 가치를 알아보기 전에 접근해야 한다. 제주도의 사례에서 다시 생각해 보자. 바다가 보이는 땅은 널려 있었지만, 막상 그런 곳에 카페와 집을 지을 생각은 아무나 할 수 있는 게 아니다. 아니, 생각은 할 수 있어도 실행하는 것은 쉬운 일이 아니다. 그런데 막상 실행해 보니 생각보다 훨씬 좋았고, 그렇게 땅의 가치도 크게 올랐다. 이처럼 작아 보이는 것이 사실은 큰 차이다. 책의 서두에서 이야기했지만, 사실 '어디 어디가 좋다'는 것은 웬만한 사람들이 알고 있다. 문제는 그곳이 '얼마나 좋은지' '얼마나 상승할지' 그리고 과연 '과감하게 실행해도 될지'를 아는 것은 매우 어려운 일이다. 그 작은 차이가 실제로는 큰 결과를 만들어내는 것이다.

　조금 다른 이야기를 해보자. 지금 우리나라에서 코로나 이후 가장 주목받고 있고 4차 산업혁명의 모델로 꼽히는 곳은 '배민(배달의 민족)'이다. 배달이라는 일 자체는 새로운 것이 아니다. 전통산업 중에서도 가장 전통적인 것이다. 물건을 배달해 주길 원하는 사람과 배달을 받고자 하는 사람을 연결해 주는 일도 대단히 획기적인 아이디어는 아니다. 누구나 생각해 낼 수 있다. 그런데도 배민이 이렇게 전 배달 시장을 장악할 정도로 성장한 건 왜일까? 좀더 수월한 연결 시스템을 만들었기 때문이다. 무언가를 배달해 주길 원하는 사람과 그것을 배달 받기를 원하는 사람을 앱으로 쉽게 연결했다는 그 작은 차이로 인해 배민은 지금 위치에 있게 되었다.

앞으로 배달 시장이 더욱 성장하리란 것은 누구나 쉽게 예측할 수 있지만, 이렇게 많이 성장할 것으로 예측하고 과감하게 투자까지 하는 건 아무나 할 수 없는 일이다. 세상의 변혁은 이렇게 진행된다. 아이폰 역시 다르지 않다. 스마트 기기 관련 기술은 이미 예전에 나와 있었고, 스티브 잡스는 그저 그런 기술을 사서 휴대전화에 적용했을 뿐이다

초과 수익을 달성할 수 있는 전원주택을 고르려고 한다면, 이같은 사례를 염두에 두어야 한다. 아주 특별한 것이 아니라 이미 많은 사람이 알고 있지만 실행하지 않고 있는 것, 많은 이에게 이미 알려진 지역이지만 아직도 사람들이 거주할 생각은 하지 않는 곳, 이미 교통거리가 가까워졌음에도 불구하고 대중들 인식 가운데 아직까지 멀다고 느껴지는 곳 등에 관심을 가져볼 필요가 있다. 다시 한번 당부하자면, 전원주택은 일단은 실거주를 목적으로 접근하되 덤으로 초과 수익까지 얻을 수 있다면 좋겠다 정도의 마음가짐으로 찾는 것이 정석이다.

주목할 만한 전원주택지

강화도 길상면

인천 강화도의 가장 큰 매력은 역시 바다다. 바다가 가까이에 있으니 풍경이 좋은 곳이 많고, 바다를 끼고 있는 곳이 늘 그렇듯 바다 먹거리도 많다. 게다가 강화도는 섬 전체 면적도 매우 넓은 편이라서 육지에서 나는 각종 먹거리들도 풍부해, 육지 먹거리와 바다 먹거리 모두 즐길 수 있는 장점이 있다.

또한 강화도의 바다는 서울과 가까운데도 공장이나 대형 물류 단지들이 없어서 매우 깨끗하다. 도심까지의 접근성도 좋은 편이다. 광화문이나 여의도까지는 1시간 30분, 마곡은 1시간 20분이면 된다(출·퇴근 시간 제외). 이 정도면 코로나로 재택근무가 일상화되어 일주일에 한두 번만 출근한다고 가정할 때, 큰 어려움이 없을 것이다.

　또한 한강신도시가 완성된 것도 크나큰 호재다. 아무래도 전
원생활에서는 기반시설 부족으로 인한 불편함이 최대 단점인데,
가까이에 의료 및 금융기관이 있고 대형마트나 시장, 오락·취미
생활까지 할 수 있는 기반시설이 있다면 그런 문제가 해결된다.
한강신도시의 핵심 상업지역인 구래역 주변에는 이 모든 것이
갖춰져 있다고 할 만큼 기반시설이 충분하다. 강화도에서 한강
신도시까지는 약 50분 정도의 거리이므로 이 역시 크게 불편하
지는 않을 것이다.

　현재까지는 강화도에 이렇다 할 만한 전원주택 단지가 없어서

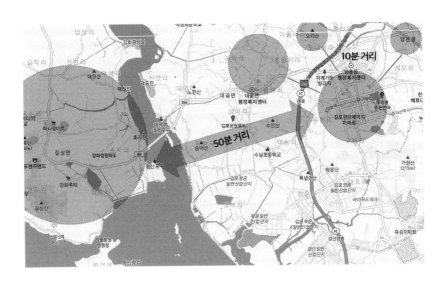

가족을 이룬 30~40대가 거주하기에 다소 불편한 것도 사실이다. 하지만 코로나 이후의 추세를 반영해서, 강화도에도 많은 단지형 전원주택들이 분양한다면, 전원주택 생활에 어려움이 없는 곳으로 충분히 발전할 가능성이 있다. 단, 도심 접근성이 가장 중요한 사람이라면 강화도보다는 김포의 대곶면이나 통진읍 등에 관심을 가져봐도 좋겠다.

양평 서종면

경기도 양평은 우리나라에서 가장 유명한 전원주택지 중 하나다. 특히, 서울-양양 간 고속도로가 개통한 이후로 줄곧 주목받아왔고, 수도권 전원주택지 중에서는 이례적으로 용인과 함께 지가도 꾸준히 상승했다.

양평 전원주택지의 가장 큰 장점은 강남 진입이 용이하다는 것이다. 강남까지 도달하는 데는 1시간 30분 정도가 소요된다. 도심에 이르는 진입로가 혼잡한 경우에는 강변역이나 잠실역 또는 천호역까지 이동한 후 대중교통을 이용해 서울로 이동하기도 어렵지 않다.

특히 오랜 시간 주목받았던 전원주택지답게 양평은 이미 젊은 세대들도 불편함 없이 전원주택 생활을 할 수 있을 만큼 충분한 기반시설을 갖추고 있다. 초·중·고등학교는 물론 의료시설 등도

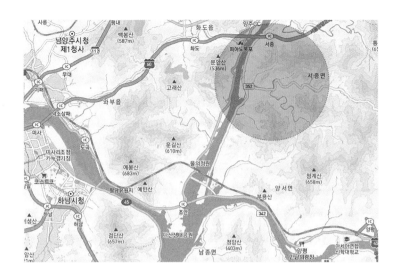

멀지 않은 곳에 위치해 있다. 따라서 코로나 이후 전원주택을 찾는 이들이 1순위로 찾을 곳이기도 하다. 1가지 단점이라면, 유명한 만큼 이미 가격이 꾸준히 올라서 만만치 않다는 것이다.

광주 오포읍

경기도 광주 오포읍은 요즘 떠오르고 있는 핫한 지역 중 하나라고 할 수 있다. 원래 광주에서는 퇴촌이 가장 유명한 전원주택지였다. 그런데 최근 들어 오포읍이 주목받게 된 데는 3가지 이유가 있다.

첫째, 경강선이 개통되었기 때문이다. 물론 경강선은 일반 전철처럼 자주 운행되는 라인이 아니다. 그런데도 전철이 연결되느냐 아니냐에는 매우 큰 차이가 있다. 결정적인 것은 경강선이 판교와 연결된다는 것이다. 앞서 언급했듯, 판교에 일자리가 점점 늘고 있다는 걸 감안하면 판교와의 접근성이 좋다는 것은 매우 큰 장점이다.

둘째, 경강선 개통과 맞물려 광주로서는 매우 큰 규모인 택지개발지구가 이루어졌기 때문이다. 사실 경강선 개통 자체가 전원주택지에 미치는 영향은 그다지 크지 않다. 전원주택 생활을 하는 사람들이 대중교통을 이용하는 경우는 드물기 때문이다. 그러나 경강선 개통이 주변 지역 개발에 촉매 역할을 한다는 것이 중요하다. 이에 따라 경강선을 중심으로 대규모 택지개발지구가 이루어졌고, 그 수가 많아지면서 각종 기반시설을 갖추게 되었다. 전원주택 생활에 매우 편리한 조건이 되는 셈이다.

셋째, 판교의 성장으로 그와의 접근성이 매우 중요한 의미를 갖게 되었기 때문이다. 판교는 현재 제2테크노밸리, 제3테크로밸리 지정을 마치고, 확장을 준비하고 있는 상황이다. 게다가 주변 대장지구와 고등지구도 만들어지면서 지속적으로 세를 확대해가고 있다. 이런 지역과의 접근성이 좋다는 것만으로도 그 가치는 올라갈 수밖에 없다.

이 같은 측면에서 광주 오포읍은 앞으로도 계속 주목받게 될

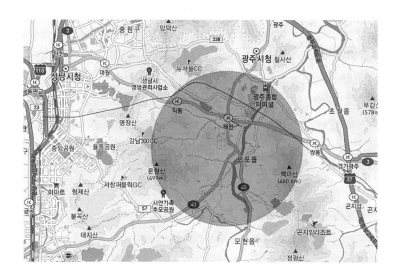

것이다. 과거 용인의 고기리 같은 지역이 강남과의 접근성으로 인해 상당한 가격 상승을 보였는데, 이러한 일이 이곳에서 다시 재현되지 않을까 하는 생각이 든다.

9장

다시 살아나는
핵심상권

◆

코로나로 인해 가장 큰 피해를 입은 건 자영업자들일 것이다. 일단 여러 사람이 모이는 것 자체가 어렵게 되다 보니 직격탄을 맞았다. 이에 늘 많은 인파가 몰렸던 명동 같은 곳은 거의 유령도시가 되었고, 서울 시내 핵심상권을 제외한 곳의 자영업자들은 심각한 피해를 호소하고 있다. 핵심상권이라고 사정이 크게 나은 건 아니다. 대부분의 점주들은 코로나 이전에 비하면 매출이 거의 반 토막이 났다고 입을 모은다. 이 같은 상황에서도 버텨온 건, 그럼에도 불구하고 언젠가는 코로나를 극복하리라는 희망을 갖고 있기 때문이다.

문제는 코로나가 예상보다 장기화되면서 그 희망이 점점 사라지고 있는 현실이다. 버티다 못한 점주들이 가게를 내놓고 있지만, 매도 역시 쉽지 않다. 좋은 상권에는 대부분 상당한 금액의 권리금이 있어서다. 요즘 같은 상황에 그 정도의 권리금을 감당하면서까지 가게를 인수할 임차인을 구하기란 하늘의 별 따기에 가깝다. 물론 권리금을 왕창 내린다면 임차인을 구할 수 있겠지만, 그러는 순간 그 금액이 점주의 손해로 확정되는 것이나 다름 없다. 장사를 계속하면서 입게 되는 임대료로 인한 손해보다 더 큰 손해가 권리금으로 인한 손해라는 말이다. 이 때문에 가게를 접고 싶어도 그럴 수 없는 경우가 대부분인데, 그럼에도 불구하고 점주가 권리금까지 손해 보면서 내놓는 가게가 있다. 이렇게 나온 가게라면 어떨까?

결론부터 말한다면, 목이 좋은 곳의 권리금이 낮아진 가게라면 충분히 승산이 있다. 누구나 인식하고 있듯이 코로나가 영원할 수는 없다. 언젠가는 백신이 개발되면서 늘 그래왔듯 인류는 전염병을 극복할 것이다. 그리고 코로나가 사라지고 나면, 결국 상권이 다시 살아날 것이다. 물론 이게 말처럼 단순한 것은 아니다. '결국 상권이 다시 살아날 것이다'란 말을 잘 이해하려면, 2가지 사실을 제대로 이해해야 한다.

첫째, 코로나가 사라진 후 결국엔 상권이 살아날 것이기에 권리금이 한도 끝도 없이 떨어지지는 않을 거란 걸 알아야 한다. 다시 말해, 권리금이 낮아진 가게를 인수하고자 준비하고 있다면 너무 오래 기다리지는 않는 것이 좋다. 권리금이 '0원'까지 내려갈 가능성은 거의 없다. 권리금은 코로나 이전 대비 약 30~50% 정도 선이면 가장 낮은 수준으로 본다. 이 정도의 저점을 찍은 후에는 다시 상승할 것이다.

우리나라 사람들의 습성을 생각해 보면 이해가 보다 쉬울 것이다. 아무리 비대면 사회가 되었다고 해도, 한국인들은 전 세계를 둘러봐도 특별하다 싶을 정도로 모이기를 좋아한다. 한국 문화는 사람과 만나서 어울리는 것을 좋아하는 문화다. 이 같은 문화적 특성이 코로나로 인해 완전히 바뀔까? 그러긴 힘들 것이다. 어느 정도 코로나가 잠잠해지면 다시 사람들은 모이기 시작할 테고, 이에 상권도 덩달아 살아날 것이다. 따라서 저렴하게 나온 상가 매물을 찾는 사람이라면, 지나치게 낮은 가격을 고집하다가 기회를 잃을 수 있다는 걸 명심해야 한다.

둘째, 코로나가 종식되고 다시 상권이 살아날 때를 위해서라도 핵심상권을 노려야 한다. 상권이 다시 살아난다면 가장 먼저 어디가 되겠는가? 역시, 핵심이 먼저 부활할 것이다. 좀 더 정확하게 말하면, 상권은 다시 살아날 테지만 이제는 핵심상권만 살아날 가능성이 크다.

그 외 기타 소규모 상권이나 주거지 주변의 상권 등은 비대면 사회의 영향으로 매우 축소되는 경향을 보일 것이다. 쉬운 이해를 위해 풀어서 이야기하면 이렇다. 보통 여러 지역에서 접근하기 편한 곳에 핵심상권이 형성되는데, 식당과 카페, 쇼핑, 영화관과 게임을 비롯한 각종 오락시설 등 다양한 업종의 상가들이 들어온다. 각 지역에 거주하는 사람들이 함께 모이려면 이 핵심상권을 이용하게 마련이다. 주거지역 인근의 소규모 상권들은 어떤가? 식당만 봐도 선택지가 너무 좁다. 특별한 메뉴가 아니라면, 사람들은 오히려 배달 음식을 원할 것이다.

네트워크의 발달로 인해, 많은 이가 집 주변의 이웃보다 오히려 멀리 떨어져 있어도 관심사가 통하는 이와 친분을 쌓는 요즘이다. 그렇게 친해진 사람들이 만난다면 동네에서 만날 수는 없지 않을까? 무엇보다 이제는 집에서도 웬만한 것들은 모두 배달받을 수 있게 되었다. 세탁물도 굳이 동네 세탁소까지 찾아갈 필요가 없다. 배달업체가 방문해서 수거해 가는 시대다. 그러니 지역 상권은 특별한 곳을 제외하고는 점점 쇠퇴할 것으로 본다.

정리해 보자. 코로나 이후 상권이 완전히 달라지리라는 일부 예측과는 달리, 나는 핵심상권은 여전히 건재할 것이라고 생각한다. 다만 코로나는 핵심상권이 아닌, 소규모 상권과 지역 상권을 약화시킬 것이다. 이를 인식하는 것이 중요하다. 이에 따라 핵심상권에서는 권리금이 낮아져 저렴하게 나오는 매물을 유심히 살펴보고, 비핵심상권이라면 아무리 가격이 낮아져도 관심을 갖지 않는 게 나을 것이다.

살펴봐야 할 것이 또 하나 있다. 코로나 이후 바뀌게 될 상가의 모습이다. 아마 큰 변화가 있을 텐데, 대표적인 키워드를 뽑자면, '비대면'과 '기계화'다. 이미 많은 가게에서 이를 적용한 모습이 목격되고 있다. 이 같은 현상이 단지 코로나 때문만은 아니다. 인건비 상승으로 많은 점주가 기계화를 고려해 오던 터에, 코로나가 기름을 부은 격이 되었다. 애초 인건비 절약을 위한 시도가 오히려 비대면 사회에 필수적인 '위생' 효과까지 가져온 것이다. 이에 따라 비대면을 위한 기계화는 점점 가속화될 것이다. 무엇보다 코로나로 인한 경영의 어려움으로 가게 문을 닫는 곳이 늘면서, 기존 가게들이 새로운 점주로 교체되는 시기가 도래했다. 기존 가게를 변화시키는 건 어렵지만, 새롭게 가게를 여는 점주 입장에서 처음부터 기계화를 염두에 두고 이러한 콘셉트로 가게를 여는 건 그리 어렵지 않다. 결국 많은 상가가 변화의 시점에 돌입한 것이다.

기계화는 매우 빠르게 진행될 것이다. 우리나라에 처음으로 '셀프서비스'가 들어왔을 때를 생각해 보자. 셀프서비스를 우리나라에서 최초로 도입한 곳은 외국계 패스트푸드점이었다. 그때는 많은 사람이 불편을 호소했다. 가격이 그리 저렴한 것도 아닌

데, 직접 음식을 가지러 가야 하고 심지어 다 먹고 나서는 직접 정리까지 해야 한다고? 일각에서는 이러한 셀프서비스는 한국인 정서에 맞지 않기 때문에 자리 잡지 못할 것이라고 예견했다. 그런데 실제로는 어땠는가? 셀프서비스를 처음부터 접한 세대들은 그다지 불편해하지 않았고, 사라질 거라는 예견이 무색할 정도로 이제는 이곳 저곳에서 당연하게 여겨지고 있다.

기계화 역시 이렇게 될 것이다. 이미 상당히 많은 가게가 기계식 주문을 시작했다. 이러한 주문 방식을 불편해하는 사람도 많지만, 점차 대세가 될 것이다. 주문뿐 아니라, 서빙과 정리도 기계가 하는 시대가 올 것이다. 코로나는 그저 다가올 미래를 앞당겼을 뿐이다. 그렇다면 여기서 좀 더 현실적이고 중요한 문제를 생각해 봐야 한다. 기계화는 인건비 절감을 뜻한다. 점주 입장에서 환영할 일이다. 그런데도 지금까지 기계화가 빠르게 진행되지 못한 건 왜일까? 2가지 때문이다. 하나는 기계의 기능이 믿음직스럽지 못했고, 다른 하나는 기계 자체가 비싸서 실제 기계화를 시도하기 어려웠다. 그런데 이 2가지 문제는 모두 해결될 전망이다. 점점 정교한 기계가 나올 것이고, 필요와 수요에 따른 생산 증가로 가격도 저렴해질 테니 말이다. 이러한 이유로 상가들의 기계화는 완벽하게 대세로 자리 잡을 것이다.

이제 중요한 계산을 해야 할 시간이다. 가게의 운영 시스템이 기계화된다면, 매출과 이익에 관한 계산 역시 기존과 다르게 해야 한다. 지금까지 일반적인 공식은 이랬다. 상가의 월 임대료는 보통 3일 치 매출 수준이면 적정하다고 봤다. 즉 상가 월세가 150만 원이라면, 하루 매출이 약 50만 원은 나올 수 있는 곳이라야 점주 입장에서 승산이 있다고 본 것이다. 그 정도는 돼야 인건비는 챙길 수 있으니까.

따라서 상가를 매수해서 임대를 놓으려는 사람이라면, 기존 점포의 월세가 어느 정도인지만 신경 쓸 게 아니라, 이곳에 입점해서 실제로 장사할 사람의 3일 치 매출이 월세와 비슷한 정도일지 파악해야 한다. 그 수준이 안 되는데도 입점한다면 임차인이 눈 먼 장사꾼일 수 있다. 설령 들어왔다고 해도 임대료를 감당할 수 없어서 나갈 가능성이 큰데, 그렇게 되면 권리금이 형성되기 어렵다. 따라서 상가의 소유주는 언제나 임차인의 입장에서 생각해 봐야 하는 것이다. 어찌 됐든 이러한 모든 것을 판단하는 기준이 바로 3일 치의 매출액이었는데, 코로나 이후에는 그 기준이 4일 치나 5일 치 매출액 정도로 바뀔 수도 있다는 걸 알아야 한다.

그렇게 되는 가장 큰 이유는 마진율이 달라지기 때문이다. 마진율은 업종에 따라 매우 큰 편차를 보이긴 하지만, 대개는 30~70% 사이이다. 그래서 일반적으로 마진율을 약 50%로 잡고 계산하는데, 이것이 달라질 수 있다. 기계화 시스템이 구축될 경우 인건비를 상당히 줄일 수 있으므로 마진율이 높게 올라갈 가능성이 크다. 물론, 그렇다고 당장의 이익을 확정된 이익으로 봐서는 안 된다. 기계의 경우 '감가상각'을 감안해야 하기 때문이다. 하나 안타까운 것은, 기계에는 감가상각만으로 계산하기 힘든 부분이 많다는 것이다. 예를 들어, 어떤 사람이 스마트폰이 출시되기 직전에 기존 휴대폰을 새로 샀다고 하자. 휴대폰의 기계적 수명이 10년 정도고 중고시장에서 신형 휴대폰을 반값 정도로 쳐주는 시간이 1년이라고 한다면, 이 사람은 휴대폰의 감가상각을 1년 후 절반 가격으로 계산했을 것이다. 그런데 그때 스마트폰이 나온 것이다. 이제 대중들은 옛날 휴대폰은 보지도 않고 무조건 스마트폰만 찾게 되었다. 그렇다면 이 사람은 자신의 휴대폰을 1년 후 절반 값에 되팔 수 있을까? 당연히 불가능하다. 기존의 감가상각 계산과는 무관하게 값어치가 폭락할 테니까.

모든 기계에는 이 같은 리스크가 있다. 특히 디지털식 기계의 경우 기술 발달로 인한 변화가 굉장히 빠르기에 생각도 못 한 사이에 다른 것으로 교체될 수 있다. 이를 감안한다면 감가상각의 폭을 매우 크게 잡아둬야 할 것이다. 그 교체가 얼마나 빨리 이뤄질지, 얼마만큼의 금액을 상각 처리해야 할지 등은 정확히 알 수 없다. 중요한 건 어찌 됐든 이런 식의 '위험 요소'까지 감안해서 비용을 계산해야 한다는 것이다. 매출과 마진 그리고 그에 따른 적정 임대료의 수준은 향후 상당히 달라질 가능성이 크지만, 이는 바꿔 말해 기회가 될 수도 있다. 모두가 혼란스럽고 그 누구도 빠르게 기준을 잡을 수 없기 때문이다. 언제나 그렇듯, 이같이 혼란하고 마땅한 기준이 없는 상황에서 누군가는 엄청난 기회를 잡는다.

정리해 보자. 핵심 지역의 상가들 중에서 가격이 많이 낮아진 매물이 있다면, 그 가게의 운영 시스템을 기계화했을 때 마진율이 얼마나 될지 계산해 보고 접근하라. 의외로 상당히 좋은 결과를 얻을 수 있을 것이다.

그리고 하나 더. 핵심상권의 대로변과 인접한 1층의 상가 역시 잘 살펴보자. 이런 요건을 갖춘 상권은 본래부터 웬만해서는 공실이 나지 않는 안전 자산 중에서도 안전 자산으로 알려져 있다. 다만 상가에 죽 관심을 갖고 있던 사람이라면 변화된 상황을 감지했겠지만, 핵심상권 대로변의 1층 상가 중에서도 공실 상태인 곳이 꽤 된다.

어쩌다 이 같은 안전 자산이 공실이 된 걸까? 2가지 이유가 있다. 하나는 핵심상권 대로변 1층의 임대료가 상당히 높기 때문이다. 서울 강남역을 예로 들자면, 임대료가 평당 40만~100만 원 선이다. 40만 원이라고 해도, 10평이면 400만 원이다. 그런데 대로변과 인접한 1층 상가의 경우 면적이 대개 실평수 20평이 넘는다는 것까지 감안하면, 최소 임대료만 800만~2,000만 원인 셈이다. 이 정도의 임대료를 감당하면서 수익을 낼 수 있는 업종은 극히 제한적일 수밖에 없다. 심지어 강남역 대로변에 있었던 외국계 유명 패스트푸드점인 B도 얼마 전에 철수했다. 코로나로 인한 매출 감소와 함께 임대료 부담을 철수 이유로 들었다.

사실 같은 핵심상권이라고 해도 실제로 가장 목이 좋은 곳은 항상 이면도로 쪽이다. 대로변은 유동인구만 많지 매출로 연결되는 경우는 드물어서, 대로변 1층 상가는 대기업의 브랜드 제고를 위한 홍보용 매장이나 대형 패스트푸드점, 그 외 고가제품 매장 혹은 고정 고객층을 확보한 업체가 들어오곤 한다. 그런데 이런 곳들이 거의 없어진 상황에서 굳이 고가 임대료를 내면서까지 대로변을 고집해야 할 이유가 없어졌다. 결국 일반 소비자를 상대하는 대부분의 상가들에게 대로변의 1층 상가는 몸에 맞지 않는 옷처럼 된 것이다.

상황이 계속 이렇게 흘러간다면 건물의 소유자들은 임대료를 낮춰서라도 임차인을 구해야 할 것이다. 그렇게 되면 임대료가 내려가면서 대로변 상가의 시세도 새롭게 형성되게 마련이다. 그런데 왜 대로변의 1층 상가가 그렇게 오랜 기간 공실로 남아 있는 걸까? 그건 건물의 소유자가 이를 공실로 두어도 크게 지장받지 않을 만큼 재력이 튼튼해서다. 대로변의 빌딩이나 상가를 소유할 정도라면 일반인은 아닐 가능성이 크다. 재력가일 경우 공실이 나더라도 임대료를 내리지 않는 일도 허다하다.

다만, 새로운 변화의 물결 속에서 기회를 발견할 수 있다. 대로변 1층 상가의 소유자들이 대개 재력이 있다고 해도 모든 소유자가 다 똑같지는 않을 것이다. 여러 사정으로 가격을 낮춰서라도 임대를 맞추려는 사람들은 분명 존재한다. 코로나로 인한 여파가 그러한 필요를 더욱 가속화시켰다. 따라서 이렇게 임대료를 낮춰 나온 핵심상권의 1층 상가는 관심을 가질 필요가 있다.

여기서 1가지 의문이 들 수 있다. 핵심상권의 1층 상가의 가격이 떨어져봐야 얼마나 떨어지겠느냐고. 또 실제 저렴하게 나온다 한들 어떤 업종이 들어와야 수익을 맞출 수 있을지 마땅한 아이디어가 떠오르지 않을 수도 있다. 그럼 2가지를 생각해 보자. 대로변의 1층 상가를 쪼갤 수 있다면? 또 그 가게를 기계화해 운영할 수 있다면? 그렇게 된다면 골치였던 상가도 쏠쏠한 수익처로 변신할 수 있다.

우선, 상가를 쪼개려면 전면이 넓어야 하고 전면에 비해 내부가 그다지 크지 않아야 한다. 2개 혹은 3개의 상가로 쪼갤 수 있다면, 일반 소비자를 대상으로 하는 업종이라고 해도 임대료를 충분히 감당하고도 수익을 낼 수 있다. 무엇보다 그런 상가에는 기계화 시스템을 도입해야 한다. 코로나 이후 비대면을 위한 각종 기술들이 매우 빠른 속도로 진화하고 있고, 신제품도 하루가 멀다고 쏟아지는 상황이다. 이를 이용해 1인 음식점이나 무인 커피 전문점 등을 운영한다면 승산이 있다고 본다. 음식점이나 카페가 사람 없이 기계만으로 운영되는 것도 신기한데 그런 곳이 대로변에 있다면, 홍보 효과도 좋아서 높은 매출로 연결될 가능성도 크다.

상가에 관해 조금이라도 공부해 본 사람이라면 알겠지만, 장사의 이익은 사실 매출과 마진에서 나오는 것이 아니다. 매출과 여기서 나오는 마진은 대부분 그냥 운영비일 뿐이다. 실제 돈을 벌어주는 건 권리금이다. 그래서 장사를 잘하는 '선수(?)'들은 일부러 권리금이 없고 임대료가 저렴한 곳을 찾아서 가게를 연다. 그리고 SNS 등을 활용해 열심히 홍보하고 본인의 장사 실력을 발휘해 사람들을 끌어 모아 가게를 유명하게 만든 후에는, 높은 권리금을 받고 가게를 매각한다(보다 정확하게는 사업을 매각하는 것). 그리고 또 다른 황무지를 개척하러 떠나는 것이 선수들의 행보다.

사실 그들의 이 같은 행보에 비난받을 소지는 전혀 없다. 가게를 매각한 뒤 바로 옆이나 아주 가까운 곳에 다시 가게를 연다면 모를까, 상권이 겹치지 않는 곳에서 새롭게 사업을 개척하는 건 그들의 능력인 것이다. 그런 방법을 알고 있다고 쉽게 따라 할 수 없는 일 아닌가. 부러운 능력인 셈이다. 권리금은 그 가게가 향후 각별한 노력을 하지 않아도, 안정적으로 어느 정도의 수익을 올릴 수 있다는 보증수표 같은 것이다. 이를 만들어냈으니 보상받아 마땅하다. 이처럼 권리금 하나로 장사의 안정성이 보증된다. 따라서 장사 초보라면 오히려 권리금이 붙은 가게를 찾아야 한다. 초보 장사꾼이 권리금이 붙는 가게를 만든다는 건 하늘의 별 따기나 다름없다. 따라서 상가에서는 권리금을 매우 중요하게 생각해야 한다.

그런데 바로 지금, 코로나로 인해 모든 것이 새롭게 변화하고 있다. 이제는 고정관념을 버리고 새로운 시각으로 모든 것을 바라봐야 한다. 대로변의 1층 상가는 대기업이나 대형 음식점 외에는 찾을 사람이 없을 것이다. 따라서 꽤 오랜 시간 공실로 남을 가능성이 크다. 다만 어느 정도 장사 노하우가 있고 비대면 사회에 적합한 신기술 기계를 도입할 수 있는 사람이라면, 이를 통해 상당한 권리금을 만들어낼 수 있다.

또 다른 측면도 한번 살펴보자. 이번에는 반대로 비핵심 지역의 상가, 핵심 지역이라고 하더라도 주동선상에 있지 않거나 소비자들의 접근이 쉽지 않은 곳의 상가 그리고 지방의 구도심에 있는 상가 등은 매우 유의해야 한다. 결론적으로 말하면, 이런 상가들엔 앞으로도 상황이 점점 더 나빠질 일만 남았다. 따라서 단지 싸다는 이유로, 혹은 당장의 수익률이 높다는 이유로 달려들어서는 절대 안 된다. 이들은 코로나를 극복하더라도 고전을 겪게 될 가능성이 크다.

상권이 생기는 원인을 한번 생각해 보라. 상권은 사람들이 이동하기 때문에, 또 많은 사람이 모이기 때문에 만들어진다. 그런데 코로나 이후에는 사람들의 이동과 모임이 과거에 비해 확 줄어들 것이다. 배달과 택배 기술이 더욱 발달하면서 더욱 그렇게된다. 상가의 숫자는 예전과 똑같은데 수요만 확 줄어드는 상황이 되는 것이다. 그러니 회복하기는 매우 어렵다.

물론, 이런 생각을 할 수 있다. '배달 서비스가 아무리 발달해도 어찌 됐든 음식을 만들 장소가 필요하고, 택배로 보내려고 해도 물건을 둘 사무실이 필요한 것 아닌가?' 맞다. 그런 장소는 반드시 필요하다. 다만 그런 장소가 꼭 사람들이 접근하기에도 좋고 가시성이 좋은 곳에 있어야 할 이유는 없다. 게다가 1층이나 2층일 필요도 없다. 그야말로 가격이 저렴하고 일하기에도 불편함이 없는 정도라면 된다. 또 배달 서비스 업체나 택배 회사 입장이라면 어떤 상가가 좋을까? 저렴한 상가가 좋은 상가다. 단, 이 저렴하다는 것이 '예전이 비해서 저렴한 것'이라고 생각하면 큰착각이다. 저렴하다는 기준을 그 지역 상권에 국한시켜 생각해서는 안 되고, 일반적인 수준에서 저렴한 것이어야 한다. 즉 '상대적인 기준이 아니라 절대적인 기준에서 저렴한' 곳에만 수요가 몰릴 것이다.

상권에 입점한 가게들을 보다 보면, 가시성은 나무랄 데 없이 좋은데 장사는 도대체가 되지 않는 곳이 있다. 그런 가게를 유심히 살펴보면, 계단이 있다거나 사람들의 이동 흐름과 반대 방향에 있다거나 하는 문제가 있는 경우가 대다수다. 인간은 무의식적으로 조금이라도 불편하게 느껴지는 곳엔 잘 접근하지 않는 경향이 있다. 그런 단점이 없는 '희소한' 가게에 권리금이 생기는 것도 이 때문이다. 그런데 이러한 곳들마저 가치를 잃어갈 가능성이 커졌다. 이런 가게에 방문하는 수요 자체가 줄었기 때문이다. 따라서 특별한 곳을 제외한 대다수는 큰 의미가 없는 상권, 다시 말해 추가적인 프리미엄을 지급해야 할 이유가 전혀 없는 곳이 되어간다. 또 지금의 월세 수준도 유지하지 못할 곳으로 전락할 가능성이 크다. 그러니 각별한 주의가 필요하다.

지방의 구도심 상권은 특히 주의하길 바란다. 앞서 말했듯, 지방은 현재 거점도시를 중심으로 지형이 새롭게 바뀌고 있는 상황이다. 코로나 이후에는 사람들이 더욱 디지털화되고 쾌적한 도시를 선호하게 될 것이고, 이에 신형 거점도시로 점점 더 모이게 될 것이다. 그렇다면 구도심의 상권은 어떻게 되겠는가? 회생이 점점 어려워질 것이다. 이러한 상가들이 향후 경매나 공매로 쏟아질 가능성이 큰데, 자칫 수익률에 현혹돼 덜컥 낙찰받는 실수를 범하지 않도록 하자.

코로나 이후의 상권을 키워드로 정리하면 이렇다. '핵심상권의 부활', '비핵심상권의 지속적 하락', '기계화', '저렴한 상가'다. 이를 감안해 상가를 보면, 코로나가 만들어낸 상권의 위기를 오히려 큰 기회를 잡을 수 있는 계기로 적극 활용할 수도 있다는 걸 알게 될 것이다.

주목할 만한 상권

서울의 핵심상권

강남역과 명동, 건대입구, 홍대입구 등은 우리나라 대표 상권이다. 코로나 이후 명동과 홍대입구 일대가 가장 큰 타격을 입었

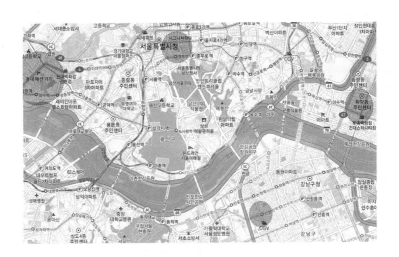

221

다. 그렇다고 해도 서울 어디에서나 접근이 용이하고 대중교통이 발달되었다는 기존의 입지적 장점은 변하지 않으므로, 향후 다시 명성을 찾을 가능성이 크다.

서판교 상권

향후 월판선이 개통되면 매우 주목받게 될 지역이다. 바로 가까운 곳에 판교역 상권이 있으나 이는 매우 계획적으로 조성되어 있기에 더는 추가로 상권이 확대될 가능성이 없는 상태다. 백현동 일대에도 상권이 형성되어 있지만 접근성이 좋지 않아 큰 상권으로 성장할 가능성이 희박하다. 반면, 서판교 상권은 월판선까지 개통되면 탁월한 접근성과 평지라는 특성, 요즘 트렌드

에 맞는 '골목형 상가(연남동, 성수동 등지에서 핫 트렌드가 된 주택가 골목에 자리 잡은 상가)'가 생길 여지도 충분해 기대해 볼 만하다.

지방 거점도시의 중심상권

진주뿐만 아니라 지방의 경우, 기업도시나 혁신도시로 새롭게 형성될 지역의 가장 중심에 있는 상업지를 주목해야 한다. 아직까지는 공실로 남아 있는 상가들이 많고 상권이 형성되는 데까지는 다소 시간이 걸릴 수 있으나 이러한 도시들은 이제 막 성장을 시작한 것이나 마찬가지다. 따라서 지금쯤 진입을 고려해 보는 게 좋겠다.

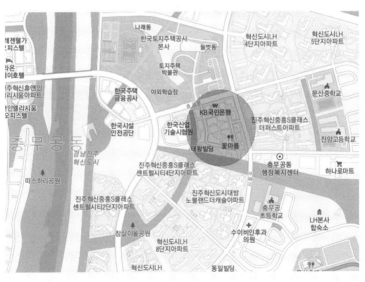

2020년을 마지막으로 입주를 마치는 경상남도 진주의 혁신도시.

10장

갈 데 없는 돈이
몰려갈 곳

◆

　이번 장에서 다룰 '리츠REITs(투자자들로부터 자금을 모아 부동산이나 부동산 관련 자본·지분Equity에 투자하여 발생한 수익을 투자자에게 배당하는 회사나 투자신탁)'에 관한 내용은 사실 코로나 이후 대한민국 부동산의 변화라고 볼 수 없을지 모른다. 다만 결국에는 투자처로서 부동산에 관심을 갖는 이들의 수요 변화에 해당하는 것이라 다루기로 했다.

　우리나라 사람들에게 '리츠'는 이미지가 별로 좋지 않다. 그동안 제대로 된 수익을 안겨준 적이 거의 없기 때문이다. 수익뿐이 아니다. 본래 리츠의 가장 큰 장점은 환금성과 안정성 그리고 수익성이다. 실물 부동산은 수익성과 안정성은 있다 해도 결정적으로 환금성이 떨어지는데, 리츠는 부동산을 그대로 주식화해

놓은 것이기에 환금성까지 있다는 점에서 차이가 있다. 게다가 리츠는 어떤 특별한 사업을 하는 게 아니라 부동산에서 나오는 수익이 기반이므로, 수익이 일정하고 향후 미래 수익까지 예측할 수 있다는 점에서 안정성이 매우 크다.

그런데 왜 우리나라 리츠는 그동안 주목받지 못한 것일까? 말했듯 리츠의 기반은 부동산인데, 부동산 수익이 그다지 안정적이지 못했기 때문이다. 예를 들어, 2019년 우리나라에서는 홈플러스를 기초 자산으로 하는 리츠를 상장하려고 했다가 실패했다. 만약 개인이 큰 창고를 가지고 있어서 이를 홈플러스에 임대해 준다면, 평생 돈 걱정은 하지 않아도 될 만큼의 수익이 보장될 것이다. 그런데 이를 수익률로 계산해 보면 이야기가 달라진다. 누가 봐도 홈플러스의 매출은 갈수록 줄어들고 있고 장래에 희망적인 무언가가 있을 것으로 보이지 않기 때문이다. 개인의 입장에서 보면, 월마다 임대료로 3억 원씩 받던 사람이 어느 날 2억 원만 받게 되었다고 해도 큰 문제가 되지 않을 수 있다(사실은 큰 문제가 안 되는지 모르겠다. 경험해 본 적이 없으니 그렇게 추측할 뿐이다). 그러나 수익률로 보면 심각한 상황이다. 임대 수익이 3억 원에서 2억 원이 되었으니 무려 30% 감소한 것이고, 이런 상황이 주식화된다면 주가가 30%나 빠지는 것이다. 연간 7%의 수익이 난다고 해서 1억 원을 투자했는데 30%의 손실이 났다면, 이자로 700만 원을 벌고 원금에서 3,000만 원의 손실이 난 것이므로 결국 수익은 -2,300만 원이 된다. 리츠에 투자할 이유가 하나도 없는 것이다.

부동산을 수익처로 선호하는 사람들이 가장 매력적으로 느끼는 것은 뭐니 뭐니 해도 안정성이다. 부동산 투자자들이 웬만해서는 주식 시장으로 잘 넘어가지 않는 것도 이 때문이다. 그런데 리츠는 앞의 사례 같은 일이 벌어질 경우 이도 저도 아닌 애매한 상황이 되는 것이다. 따라서 리츠가 투자처로서 실물 부동산의 단점인 '환금성'을 상쇄하려면 기초자산인, 즉 수익을 안기는 부동산 자체가 안정적이어야 한다.

그런데 홈플러스 같은 부동산도 안정적이지 않다면 도대체 어떤 부동산이 안정적이라는 걸까? 여기에 중요한 포인트가 있다. 사실 '투자 안정성'에 대해 많은 사람이 오해하는 부분이 있다. 예를 들어, 상가를 보자. 1억 원을 투자하면 매년 월세로 600만 원이 들어오는 상가가 있다고 해보자. 수익률은 6%다. 2020년 현시점에서 보면 은행이자의 3배가 넘는 수치다. 게다가 이 상가의 임차인은 우량 임차인이라서 절대 임대료를 밀리지 않는다. 그렇다면, 이 상가는 투자처로서 안정적인가?

그렇다, 안정적인 상가다. 단, 이런 변수를 한번 넣어보자. 주인이 어느 날 임차인에게 이렇게 말한다고 하자. "여태까지 당신이 이곳에서 장사하는 동안 내가 한 번도 월세를 올린 적이 없는데, 이제 좀 올려줘야겠어요. 세금도 올랐고, 관리 비용이나 인플레이션 등도 감안해야 하니 이제부터는 월세를 매년 700만 원으로 합시다." 그러자 이 말을 들은 임차인이 대답한다. "아, 그래요? 그럼 나갈게요." 당연히 주인은 기분이 나쁠 수밖에 없다. 그래서 '너 아니면 임차인이 없을 줄 알아?' 하며 홧김에 그를 내보냈는데, 들어오겠다는 이가 없다. 할 수 없이 공실 상태로 2~3개월을 지낸 후 새로운 임차인을 구했는데, 그와도 결국 연간 600만 원의 임대료를 조건으로 계약했다. 상황이 이렇다면, 이 상가는 안정적인가? 전혀 안정적이라고 볼 수 없다. 그런데도 대중들은 이를 안정적인 상가로 착각한다.

조금 다른 이야기를 해보자. 주식 종목들을 살펴보면, 상당히 많은 주식이 '배당주'라는 카테고리로 분류되는 것을 알 수 있다. 이들은 안정적으로 배당을 해준다. 현시점에서도 잘 찾아보면, 연간 10%의 배당을 해주는 종목이 있다. 그런데 이 같은 고배당주에 투자해 본 사람이라면 알겠지만, 의외로 수익이 크게 나질 않는다. 아니, 왜? 10%나 배당해 주는데, 어떻게 수익이 나지 않을 수가 있지? 배당을 10% 해줘도 주가가 30% 빠지기 때문이다. 또 작년에는 10% 배당을 해줬지만, 올해도 그 정도 해줄지는 확실하지 않다. 예상했던 만큼이 아닐 수도 있고, 배당이 전혀 없을 수도 있다. 이렇게 배당률이 들쑥날쑥하기에 결국 주가가 슬금 슬금 계속 하락하면서 손실이 난다. 배당을 꾸준히 해주기는 하지만, 배당이 일정하지 않고 줄었다 늘었다 한다면, 안정적인 주식이라고 할 수 있을까?

그렇지 않다는 것이다. 부동산에 있어서도 '안정성'이라는 개념을 잘 생각해 봐야 한다. 수익형 부동산일 경우에는 특히 그렇다. 사람들은 흔히, 부동산은 본래 실물이라서 아무리 잘못된다고 해도 원금을 날릴 리는 없으니 안정적이라고 생각한다. 그렇다면 앞의 사례에서 한 단계 더 나아가 보자. 연간 600만 원의 임대료를 받던 주인이 홧김에 임차인을 내보내고 몇 달 공실이 되어 어쩔 수 없이 임대료를 500만 원으로 낮춰서 새 임차인을 구했다고 하자. 그렇게 되면, 원금은 어떻게 된 것일까? 매도를 한 건 아니니 손해를 본 건 아니라고 생각할 수 있지만, 해당 부동산의 가치는 이미 떨어진 것이다. 그저 손해를 보지 않기 위해 계속 보유하며 버틸 수는 있겠지만, 언젠가 그 상가를 팔게 되면 원금도 회수하지 못할 수 있다.

단지 원금을 잃지 않는다고 해서 안정성이 있다고 볼 순 없다. 원금을 잃지 않으면서 더불어 성장해야 한다. 그것이 안정성의 진정한 의미다. 성장하지 않는 부동산은 안전하지 않은 부동산인 셈이다. 아파트를 안전 자산이라고 부르는 이유도 여기에 있다. 아파트는 성장한다. 더 정확하게 말하면, 아파트가 깔고 있는

지가가 상승한다. 그러니 안전하다.

다시 홈플러스의 이야기로 돌아와서 생각해 보자. 홈플러스 같은 대기업을 임차인으로 두었는데도 안전하지 않은 건, 홈플러스가 성장성이 없기 때문이다. 소유주 입장에서는 임차인이 매달 월세를 잘 내는 것으로 만족해선 안 된다. 때가 되면 월세를 올려 받을 수 있어야 한다. 이럴 때 임차인 입장에서도 퇴거하는 것보다는 월세를 올려주는 것이 낫겠다고 생각할 만한 부동산이어야 한다. 그래야 안전하다.

그런데 우리나라에는 바로 그와 같은 개념의 부동산을 기초자산으로 한 리츠가 없었다. 개인으로선 접근하기 힘들 만큼 가격이 높은 오피스빌딩이나 대형상가 건물임에도, 결국 성장성이 없는 것들이었다. 성장성은 물론, 안정성도 없는 부동산을 기초자산으로 한 리츠를 선택할 이유가 하나도 없는 것이다. 그렇다 보니 대중도 이럴 거면 화끈한 수익을 기대할 수 있는 주식이나 다소 느려도 안전해 보이는 부동산을 선택했다.

여기서 잠시, 리츠의 수익구조를 한번 살펴보자. 리츠의 수익 모델은 크게 2가지다. 하나는 임대료, 다른 하나는 매각 차익이다. 거래 형태는 주식과 비슷하지만, 훨씬 단순하다. 주식은 쉽게 말해 어떤 회사에 투자를 하는 것인데, 회사마다 주요 수익모델이 있긴 해도 회계상의 내용을 살펴보면 보통 복잡한 게 아니다. 다양하게 돈을 벌어들이고 또 다양하게 돈을 활용한다. 회계만 봐도 돈이 들어왔지만 수익으로 인정하지 않는 것, 돈은 들어오지 않았지만 수익으로 보는 것 등 복잡하기 짝이 없다. 그에 비해 리츠는 대단히 간단하고 단순하다. 그야말로 임대료와 매각 차익이 전부다. 물론 리츠도 차입을 활용하긴 하지만, 원칙적으로 부동산을 매수하는 데만 사용할 수 있다. 개인이 대출을 받아서 부동산을 사는 것과 똑같은 구조다. 회계도 간단하다. 임대료를 먼저 받는 경우는 있어도, 1년 후에 받는다든가 하는 경우는 없다. 쉽게 말해서, 모조리 현금 거래다. 기업은 어떤가? 현금 거래를 할 수 있는 기업은 시장에서의 지위가 대단히 높은 기업이다. 대부분의 기업은 미수가 있고, 돈을 회수하는 기간도 각기 다르다. 이 때문에 회계가 너무 복잡해지는 것이다. 반면, 리츠는 모두 현금으로 거래하는 데다 수익이 나는 것도 하나다(부수입 등 몇 가지가 더 있긴 하지만, 아주 미미해서 굳이 신경 쓸 수준이 못 된다). 비용도 매우 단순하다. 건물을 가지고 있고 임차인에게 세를 준다고 해도, '기본 관리비'를 제외하고는 모두 임차인이 관리비를 낸다(주거용 건물은 기본 관리비도 임차인이 낸다).

리츠는 이처럼 매우 단순하게 구성되어 있다. 그럼 이제, 우리나라 리츠를 한번 보자. 대기업에 세를 줘서 임대료를 잘 받는 것까지는 가능하다고 해도, 임대료를 올릴 수 있을까? 앞으로도 계속 임대료를 올릴 수 있을지 생각하면 조금 알쏭달쏭하다. 특히 결정적인 문제가 있는데, 우리나라는 국토는 좁은데 그에 비해 대기업 편중도가 높다는 것이다. 그런 상황에서 대기업이 한 건물에 머무르면서 계속해서 임대료를 올려줘야 하는 상황에 처하게 되면 어떻게 될까? 그렇다. 결국 대기업은 그 건물을 그냥 사버릴 것이다. 임대료를 계속 올려준다는 것은 건물의 가치가 계속 높아진다는 의미인데, 이 같은 상황이 빤히 보이는데 건물을 매입하지 않을 이유가 없는 것이다. 만약 대기업이 임대료를 계속 올려주면서까지 임차를 고집하는 상황이라면, 오히려 향후 성장성이 없기에 건물을 소유하기보다 임차하는 편이 더 낫다는 판단 하에 그럴 가능성이 크다.

상황이 이렇다 보니 우리나라의 리츠가 어떻겠는가? 앞서 말한 고배당주처럼 앞으로 남고 뒤로는 까지는, 즉 연배당수익이 잠깐 좋다가 결국은 마이너스가 되는, 다시 말해 일반적으로 알려진 우량주보다도 못한 결과를 내게 된 것이다. 물론, 앞으로는 더 좋은 리츠가 나올 수도 있다. 하지만 대기업 등이 굳이 좋은 자산을 임차해서 쓸 이유가 없으므로, 우리나라는 구조적으로 좋은 리츠가 나오기 힘들다고 본다.

이것이 바로 내가 해외 리츠에 관심을 갖는 이유다. 해외 리츠는 우리나라와는 상황이 많이 다르다. 일단 규모에서 상상을 초월한다. 한두 개의 부동산 자산으로 구성된 것들이 아니다. 대다수의 해외 리츠는 수백, 수천 개의 부동산을 기초자산으로 구성된 데다가 역사 또한 대단히 오래되었다. 그야말로 리츠 고유의 장점인 안정성과 수익성, 환금성을 모조리 갖추고 있는 셈이다. 그러니 투자자 입장에서 선택하지 않을 이유가 하나도 없다.

그렇다면 당장 의문이 하나 생긴다. 이렇게 좋은 리츠를 사람들은 왜 그동안 선택하지 않은 걸까? 우선, 알다시피 우리나라에서 해외 주식을 살 수 있는 길이 열린 지는 오래되지 않았다. 과거에는 해외 주식에 투자하려는 사람이 적었을 뿐만 아니라, 막상 하려고 해도 정보와 시세를 볼 수 없고 거래도 직접 할 수 없어, '깜깜이 투자(과거 시세나 회사 관련 정보가 매우 부족한 상태에서 하는 투자로, 손실의 위험이 크고 수익이 불안정하다)'를 해야 했다. 그러니 증권사 직원이 추천해 주는 대로 그에게 부탁해서 사는 방법밖에 없었다. 해외 주식 투자가 이처럼 대중화된 것도 불과 몇 년이 되지 않았으니, 리츠에까지 대중의 관심이 미치지 못한 상태다. 해외 주식이라고 해봐야 'FAANG(페이스북, 아마존, 애플, 넷플릭스, 구글)'나 그 외 고배당주 몇몇에 대한 관심이 전부였다.

하지만 해외 리츠의 장점이 알려질수록 리츠에 투자하는 사람들은 크게 늘어날 것이다. 마치 2004년부터 불어닥친 중국 펀드

열풍과 비슷할 것으로 본다. 대중은 그때 처음으로 '해외 펀드'라는 것을 알게 된 것이나 다름없었는데, 수익률이 깜짝 놀랄 만한 수준에 이르자 다들 단돈 몇십만 원으로라도 중국 펀드에 가입하려고 했다. 중국 펀드에 돈을 넣지 않은 사람이 없다고 할 정도로 그 열풍은 강력했다. 결과만 보면, 늘 그렇듯 초기에 가입한 사람들은 큰 수익을 얻었으나 뒤늦게 가입한 사람들은 큰 손실을 입었다. 리츠가 중국 펀드처럼 몰락할 가능성은 없어 보이지만, 인기 면에서는 그 당시와 비견될 만한 상황이 벌어지지 않을까 싶다.

그럼 '해외 리츠'라고 하면 무조건 좋은 것일까? 역사가 오래되고, 자산이 크고, 기초자산이 많으면 안정성이 큰 것일까? 당연히 아니다. 해외 리츠 역시 중요한 것은 '성장성'이다. 고맙게도, 해외 리츠의 경우 이 성장성을 보는 것이 국내 리츠에 비해 쉽다. 해외 리츠는 애초에 확실한 콘셉트를 가지고 리츠를 구성하기 때문이다. 예를 들어, 해외 리츠 중 가장 유명한 것은 '프롤로지스PROLOGIS'인데, 이는 전 세계 물류센터에만 투자한다. 가장 유명한 임차인으로는 '아마존'이 있다. 그러니 프롤로지스 리츠가 어느 날 갑자기 사무용 빌딩을 사거나 땅을 사서 아파트를 개발하거나 상가건물을 사는 일은 절대 없다. 오직 물류센터만 사서 거기서 나오는 임대료를 모두 리츠의 소유주들에게 배당한다. 그리고 일부는 매각해서 차익을 남기고, 그 차익의 일부도 소유주들에게 배당한 뒤 일부는 원금과 합쳐서 다른 물류센터를 또 산다. 따라서 투자자 입장에서는 오직 하나만 보면 된다. '물류센터가 성장성이 있을까?' 얼마나 간단한가? 얼마나 쉬운가? 그리고 얼마나 안전한가?

이 같은 리츠는 코로나 이후에 더욱 주목받게 될 것이다. 모두가 예견하듯, 코로나가 4차 산업혁명을 앞당길 것이기 때문이다. 그렇다면 성장성을 생각할 때 4차 산업과 관련된 분야에 투자하는 게 가장 좋다는 데는 이견이 있을 수 없다. 다만 부동산은 어쩐지 4차 산업과는 관련이 없어 보인다. 더군다나 우리나라의 상황으로 보건대, 굳이 해외 리츠에까지 투자할 필요는 없어 보인다. 뭐니 뭐니 해도 아파트가 최고의 수익을 내는 대상이 아닌가. 그러나 향후에는 그렇지 않을 수 있다! 일단, 지난 5년간 부동산 가격이 많이 올랐다. 특히 아파트가 너무 올랐다. 굳이 여러 가지 이유를 댈 필요도 없다. 달이 차면 기울고 오르막이 있으면 내리막도 있다는 비과학적이지만 사실은 진리인 이 원칙만 생각해도, 아파트 가격이 마냥 오르리라 볼 수 없다. 거기에 더해 정부의 규제도 점점 더 강해지고 있다. 따라서 이를 대체할 만한 투자처를 찾는 사람은 점점 늘어날 것이다. 이때도 원칙을 잊지 말아야 한다. '성장성이 없는 건 가치가 없는 것이다.' 지금까지 우리나라에서 부동산 불패를 외칠 수 있었던 건, 부동산이 안전해서가 아니라 성장성이 있었기 때문이란 걸 기억하자.

코로나 이후 대한민국 부동산에 펼쳐질 변화에 관해 많은 이야기를 했다. 무슨 일이 벌어진다고 해도, 성장성이 있는 부동산은 여전히 존재한다. 그런 대상을 잘 골라서 투자하는 것이 성공적인 투자의 비결임은 두말할 필요가 없을 정도다. 다만, 이제부터는 지난 5년과 같은 상황으로 흘러가진 않을 것이다. 설령 아파트 가격이 과거처럼 다 함께 올라간다고 해도, 무거워진 세금으로 인해서 실제 소득은 만족할 만한 수준이 되지 못할 가능성이 크다. 게다가 자금력이 조금 있다고 투자처로서 아파트를 마냥 매수할 수도 없다. 아파트 가격이 오를 것은 빤하지만, 보유세나 양도세가 너무 늘어서 실제로는 이익이 남지 않는 상황이 될 수 있는 데다, 규제가 좀더 강화되면 다주택자에겐 매우 큰 타격이 될 수도 있기 때문이다.

따라서 대체 투자처를 찾는 것이 시급하다. 주식은 그 특성상 어떤 투자 방식을 쓰든 변동성을 피할 방법이 없으니 돈을 벌어도 불안하다. 마음이 편할 날이 없는 셈이다. 투자는 마음 편하고 행복하게 살고자 하는 것인데, 본질과 매우 어긋한 상황이 벌어지는 것이다. 사실 주식으로 돈을 벌었다고 좋아하는 사람들은 대개 초짜들이다. 주식을 오래 해온 사람들은 주식으로 돈을 벌어도 전혀 좋아하지 않는다. 언제 날아갈지 모르는 돈이라는 걸 알기 때문에 그렇다. 그래서 부동산으로 돈을 벌어본 사람들이 웬만해서는 주식으로 넘어가지 않는 것이다. 넘어가더라도, 결국 후회하고 부동산으로 돌아오는 게 일반적이다.

그렇다고 남에게 맡길 것인가? 고양이에게 생선을 맡기는 것이나 다름없다. 여전히 증권회사들은 고객들에게 따뜻한 미소를 지으며 그들을 영원히 풍요롭게 해줄 것처럼 유혹하지만, 현실은 정반대다. 변액연금은 마이너스고, 10년 전에 가입한 펀드는 아직 원금회복도 못 한 상태이며, 선택받은 사람들만 가입할 수 있다는 사모펀드도 원금마저 날리게 된 사람들이 모여 데모하는 상황이다.

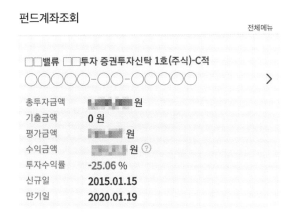

내가 투자처의 비교대상으로 삼고자 2015년에 가입했던 펀드. 당시 가치투자 위주로 안정적으로 투자하는 것으로 소문이 났던 펀드다. 펀드 운영자도 펀드에 조금이라도 관심이 있는 이라면 모두 알 만한 가치투자업계의 유명인이었다. 그럼에도 2020년 10월 4일 기준 수익률이 -25%다. 가입 이후 단 한 번도 추가 매입을 하지 않았으며, 매도 역시 하지 않고 만기가 지났으나 계속 보유 중이다. 코스피지수가 2015년에 비해서 2020년 10월 기준 약 19% 상승했다는 점을 감안하면, 이 같은 수익률은 더욱 절망적이다.

결국, 대안이 없다. 이런 와중에 한줄기 빛처럼 등장한 것이 바로 해외 리츠다. 반복해서 말하지만, 투자란 자산의 성장성에 베팅하는 것이다. 성장성이 없으면 안정성마저 잃게 되는 것이 투자자산의 속성이다. 여기에서 과거의 사례를 한번 살펴보자.

19세기 미국에는 골드러시가 이어졌다. 금을 발견한 사람이 엄청난 자본가로 거듭나자, 너도 나도 금을 찾아 서부로, 서부로 향했다. 금과 관련된 주식도 연일 폭등했다. 그런데 마지막 승자는 누가 되었을까? 다름 아닌, 철도회사였다. 금을 찾으러 가는 사람들을 위해, 찾은 금을 수송하려는 사람들을 위해 선로를 깔아주었던 이들이다. 이런 말이 있다. 도박판에서 돈을 버는 사람은 도박판을 개설한 사람뿐이라고. 세상은 늘 이런 식으로 흘러간다. 금이라는 것은 찾을 수도 있고 못 찾을 수도 있다. 변동성이 매우 크고 그야말로 누가 승자가 될지 예측이 불가하다. 그러나 금을 수송하는 데는 거대한 자본이 들어가기에 나름 독점적으로 일을 맡을 수 있는데, 수요가 계속 늘어가는 상황에서는 수익이 안정적으로 증가할 수밖에 없는 구조가 되는 것이다.

4차 산업혁명도 이처럼 진행될 것이다. 4차 산업혁명을 위한 기반시설, 즉 인프라를 갖춘 곳이 진정한 수혜자가 될 것이다. 아니, 정확하게 말하면 진정한 수혜자는 아닐 수 있다. 아마존과 구글, 애플 같은 걸출한 기업들이 더 나타나서 엄청난 일을 창조할 수도 있으니까. 그러나 그런 것은 예측할 수 없는 반면, 인프라가 늘어나리란 것은 당연하게 예측할 수 있다. 이는 성장성이 확실하다는 이야기이고, 이러한 인프라는 대개 그 특성상, 대규모의 자본과 함께 독점적인 경향을 보이므로 경쟁이 치열하지 않다. 무엇보다 그 수혜자가 누가 될지는 매우 근사하게 추측할 수 있다. 아주 마음 편하게 투자할 수 있는 여건을 모두 갖춘 셈이다.

이제 정리해 보자. 코로나 이후 4차 산업혁명은 매우 빠르게 진행될 것이고, 그 같은 변화의 실질적인 수혜자는 4차 산업혁명을 가능하게 하는 인프라를 갖춘 곳이 될 것이다. 그러니 관련 부동산에 투자하는 리츠는 지금까지보다도 더 높게 성장할 것이다. 리츠에 대한 개념은 물론이요, 해외 투자에 대한 인식도 이제 막 대중에게 알려지고 있는 상황이기에, 향후 지속적으로 리츠에 투자하는 사람들도 늘어날 것으로 본다. 해외 리츠는 그 원래의 특성대로, 부동산의 장점과 주식의 장점을 모두 갖춘 투자처로 대중에게 부각될 것이다.

주목할 만한 해외 리츠

프롤로지스PLD

프롤로지스는 글로벌 최대 규모의 물류 리츠로서, 일단 안정성이 뛰어나다. 현시점 전 세계 19개국에 약 4,000여 개에 달하는 물류센터를 임대하고 있으며, 고객사만 해도 약 5,000여 곳에 달한다. 그중 가장 유명한 고객사는 뭐니 뭐니 해도, 아마존이다.

아마존은 전 세계에서 가장 큰 기업 중 하나인데, 왜 굳이 물류센터를 임대해서 쓰는지 의문이 생길 수 있다. 미국은 국토 면적만 해도 우리나라의 거의 100배에 달한다. 이렇게 넓은 땅에 그 많은 물류센터를 짓는 것도 힘들지만, 관리하는 것도 만만치 않다. 게다가 아마존의 판매 타깃은 미국인만이 아니다. 전 세계인을 대상으로 물건을 파는데, 나라마다 상황이 각기 다르다. 적합한 물류센터의 부지를 확보하는 것도 문제지만, 법규도 모두 다르니 관리가 어려울 수밖에 없다. 그러니 차라리 전문적인 물류센터와 손을 잡고 이를 이용하는 것이 더 이익인 것이다.

그런데 프롤로지스의 입장은 어떨까? 이 거대 공룡인 아마존이 그들 매출에서 차지하는 비율은 6%밖에 되지 않는다. 아마존 같은 거대 기업에게 휘둘리지 않을 수 있는 구조란 뜻이다. 그들에게 얼마나 많은 고객사와 물류센터가 있는지 짐작조차 하기 힘들다.

물류센터라는 것이 언뜻 생각하면 누구나 할 수 있는 쉬운 사업 같아도, 전혀 그렇지 않다. 우선, 자본이 대규모로 들어간다. 물류센터의 발달은 온라인 사업 발달과 연관되어 있다. 온라인 사업은 소비자가 주문한 물건을 아주 편리하게 받을 수 있게 하는 '도어투도어door to door'가 핵심이지만, 가격적 장점도 매우 중요하다. 일반적으로 물건의 가격에서 큰 비중을 차지하는 건 건물 임대료인데, 여기서 비용을 줄이기 위해 저렴한 물류센터를 찾게 되는 것이다. 또 물류센터 입장에서도 저렴한 비용에 맞추려면 대형화될 수밖에 없다.

배달 시간도 매우 중요하다. 지금 우리나라에서는 '당일 배송', '총알 배송' 등이 당연하게 여겨지지만, 한국의 10배 면적인 미국에서 이것이 가능할까? 그 정도의 배송 속도는 상상조차 할 수 없을 것이다. 따라서 이처럼 광활한 면적에서 좀 더 빠르게 소비자에게 물건을 배송하려면, 물류센터의 위치 선정이 대단히 중요하다. 정리하면, 물류센터는 임대비용을 줄일 수 있도록 대규모가 되어야 하고, 배송 속도를 줄일 수 있도록 좋은 위치에 있어야 한다. 따라서 진입장벽이 매우 높은 사업이라 할 수 있다.

물류센터의 건립 과정을 생각해 봐도 이해하기 쉬울 것이다. 거대 자본을 가진 어떤 기업이 최고의 입지를 매입하는 것도 쉬운 일이 아니다. 수도권 일대에 물류센터가 계속 늘어나고 있는 것처럼 보이겠지만, 실제로는 물류센터 1곳을 건립하는 데만 최소 4년 이상이 소요된다. 거대한 규모의 물류센터를 지으려면 그에 맞는 큰 부지가 있어야 하는데, 그 정도의 대규모 부지가 늘 대기하고 있는 건 아니다. 몇 개의 부지를 함께 매입해서 조성하는 것이 일반적인 방식이다. 그렇게 하려면 당연히 지주들의 합의를 이끌어내야 하는데, 이게 보통 어려운 일이 아니다. 그런 부지를 개인이 아니라 기업이 가지고 있어도 마찬가지다. 기업마다 사정이 있고, 또 기대치가 다르다. 따라서 이 같은 지주 작업에서 많은 난관에 부딪히게 되면서 상당한 시간이 든다. 운이 좋아서 큰 부지를 쉽게 구입하는 경우도 있지만 이런 지주 작업을 해야 한다면, 아무리 짧아도 2년 정도는 걸린다. 게다가 시간만 지난다고 해서 지주 작업이 성공하는 것도 아니다. 오히려 최종적으로는 매입하지 못하는 경우가 허다하다.

이렇게 우여곡절 끝에 부지를 매입했다면, 그다음은 허가를 받아야 한다. 규모가 큰 만큼 허가 과정도 까다롭다. 도로 상황, 용도 변경, 주변 민원 관련 문제를 모두 해결해야 하는데, 주무관청도 여러 곳인 경우가 많다 보니 허가받는 데까지도 약 2년 정도가 걸린다. 결국 물류센터를 건립하는 것은 생각보다 쉽지 않은 일이고, 진입장벽이 꽤 높은 사업이라는 것만은 확실하다.

물론 프롤로지스 같은 리츠가 언제나 지주 작업부터 하는 것은 아니다. 이미 건립된 물류센터를 매입하기도 한다. 그렇다 하더라도, 물류센터를 매입하는 입장에서는 가능한 한 저렴하게 사야 하므로 매매 계약이 쉽게 이뤄지지 않는다. 좋은 부지의 물류센터라면 당연히 높은 금액을 요구할 텐데 요구하는 금액대로 주면 타산이 맞지 않는다. 그렇다고 조금 떨어지는 입지의 저렴한 물류센터를 구입하면 경쟁력에서 밀릴 수 있다는 것도 고려해야 한다. 이처럼 물류센터를 구입하는 일도 결코 만만한 일이 아니다.

이러한 이유로, 전 세계에 가장 많은 물류센터를 보유하고 있는 프롤로지스의 지위는 바뀔 가능성이 작다고 본다. 게다가 누구나가 납득하듯, 앞으로 택배 관련 업무는 점점 더 늘어날 것이다. 이를 전 세계적인 시각으로 한번 생각해 보라. 우리나라의 경우 택배 서비스가 되지 않는 곳이 오히려 드물지만, 전 세계적으로 봐도 그럴까? 전혀 그렇지 않다. 아직도 택배 서비스를 받지 못하거나 용이하지 않은 곳이 훨씬 많다. 그런 지역에까지 택배 서비스가 닿으려면, 더 많은 물류센터가 필요하다는 것은 자명한 사실이다.

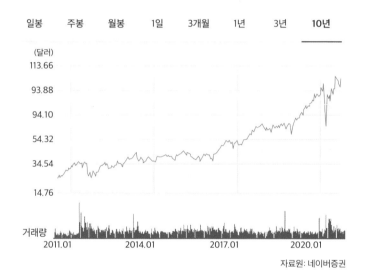

프롤로지스의 10년간 주가 움직임

| 일봉 | 주봉 | 월봉 | 1일 | 3개월 | 1년 | 3년 | **10년** |

(달러)
113.66

93.88

94.10

54.32

34.54

14.76

거래량
2011.01   2014.01   2017.01   2020.01

자료원: 네이버증권

꾸준히 우상향했으며, 10년간 약 5배 정도 상승했다. 주가 흐름만 보면 너무 많이 오른 게 아닌가 싶을 수 있지만, 성장성을 볼 때 코로나 이후에는 그 움직임이 더 좋아질 것으로 기대된다.

아메리칸타워AMT

아메리칸타워는 통신 인프라를 가지고 있는 리츠다. 통신은 생각보다 매우 복잡한 구조로 이뤄져 있다. 통신 기업이 SK나 KT처럼 통신 주파수를 가지고 있는 곳만 있는 건 아니다. 통신 분야에는 상당히 많은 회사들이 연관되어 있는데, 이런 회사들의 다양한 기술이 합쳐져야만 우리의 스마트폰이나 인터넷 등을 편리하게 이용할 수 있다. 그런데 이 많은 종류의 기업을 우리가 모두 알 수도 없거니와 그중 어떤 회사가 미래에 주목받게 될지는 예측하기 더 어렵다. 그에 비해, 아메리칸타워는 매우 단순하고 이해하기가 쉬운 구조다.

아메리칸타워는 그야말로 우리가 흔히 보는 이동통신사의 '중계기(통신 위성에서 위성 또는 우주기에 탑재하는 장치로, 신호를 수신·처리·재송신하고, 복수의 지구국 사이에 신호를 중계한다)'를 설치할 수 있도록 타워를 세워주고, 그에 대한 임대료를 받는 리츠다. 이렇게 설명하면 내용은 이해돼도 의아할 수 있다. 한국에는 이런 구조가 거의 없기 때문이다. 사실 우리나라는 국토 면적이 좁고 아파트가 많기 때문에, 중계기를 설치할 때 대부분 건물의 옥상이나 기존 전신주 등에 설치한다. 그러니 중계기를 설치할 수 있게 타워를 만들어서 그것을 대여해 주는 개념이 크게 와닿지 않을 수 있다. 하지만 미국같이 광활한 지역의 경우 원활한 통신을 위해서는 상당히 많은 통신타워가 필요하다. 그런데 그

넓은 지역에 통신타워를 일일이 세워야 한다면 상당한 비용이 들 것이다. 세계 어느 나라든 그렇지만, 통신사는 대부분 몇 개의 회사로 나뉘어져 독점적인 구조를 가지고 있다. 독점적인 동시에 경쟁사에는 배타적이다. 따라서 A라는 통신사가 세운 타워에 B라는 회사의 중계기 설치를 허락하는 일은 없다. 결국 통신사들은 원활한 통신을 위해서 각각의 타워에 각각의 중계기를 설치해야 하는데, 만약 중립적인 회사가 나타나서 타워를 세우고 각 통신사에 중계기를 설치할 수 있게 허용해 주는 조건으로 임대료를 받겠다고 한다면, 통신사 입장에서는 당연히 이익이다. 타워를 설치한 회사 역시 각 통신사로부터 매우 안정적으로 임대료를 받을 수 있는 구조가 된다.

바로 이러한 일을 하는 것이 아메리칸타워다. 치열한 경쟁을 거쳐서 독점적인 몇 개의 통신사들이 자리를 잡은 지금의 상황에서, 통신은 이제 더 이상 성장성이 없지 않나 싶을 수도 있다. 그러나 이는 대단히 큰 오해다. 통신 속도가 지속적으로 업그레이드되는 데다, 스마트폰의 등장으로 데이터까지 통신으로 이동하는 시대가 아닌가. 이제는 스트리밍 영상, 사물인터넷, 자율주행까지 모두 통신을 바탕으로 작동하고 있다.

5G의 시대가 열렸는데, 놀라운 것은 5G는 4G에 비해 더 많은 양의 데이터도 더 빠르게 전달할 수 있게 하지만, 전자파가 뻗어

나가는 힘은 상대적으로 매우 약하다는 것이다. 게다가 건물 등의 장애물을 만날 때 전파가 뚫고 나가는 '투과성'이 약해서 통화 품질이 매우 떨어진다. 우리나라에서도 5G가 처음 나왔을 때는 통신사 직원들이 쉬쉬했지만, 실제로 통화품질은 4G보다 떨어진다는 게 정설이었다. 많은 양의 데이터를 빠르게 전송하는 기술은 갖게 되었으나, 인프라가 받쳐주지 않아서 그 장점을 실제로 활용하지 못하는 상황이었던 셈이다.

이와 같은 이유로, 5G에는 훨씬 더 많은 중계기가 필요하다. 그리고 과학적으로 볼 때, 향후 6G가 나오든 7G가 나오든 더 많은 데이터를 더 빠르게 이동시킬수록 전파의 뻗어나가는 힘은 더 약해질 수밖에 없다. 그러니 중계기는 앞으로도 점점 더 많이 필요할 것이라는 걸 충분히 예측할 수 있다.

5G는 단순히 스트리밍 영상을 볼 때만 필요한 게 아니다. 4차 산업혁명의 선두주자 격인 자율주행 자동차의 경우, 자동차 자체의 센서 개발뿐 아니라 도로 사정과 앞뒤 옆의 차와의 간격, 주변 상황에 관한 정보를 실시간으로 받아야만 진정한 의미의 자율주행이 가능하다. 수많은 자동차가 실시간으로 움직이는데 이에 대한 정보가 필요하다면, 그 양이 얼마나 많을지 상상조차 하기 힘들다. 스트리밍으로 영화를 보는 것과는 비교도 할 수 없을 만큼 엄청날 것이라는 정도만 겨우 짐작할 뿐이다. 자율주행이

되기는 하는데 어디서부터 어느 지역까지는 되고 그다음부터는 안 되는 식으로 된다면, 그 역시 의미 없는 일이다. 전국을 커버하는 것이 매우 중요하다. 결국 어마어마한 중계기를 설치할 수밖에 없는 상황이다.

드론을 띄우는 일은 또 어떤가. 단지 하늘을 날게 하는 기술만 있어서 되는 건 아니다. 하늘을 날아서 택배 업무를 하든 에어택시를 하든, 이 모든 것을 통제하는 시스템이 필요하다. 그렇지 않으면 무수한 사고에 시달릴 수밖에 없다. 이를 통제하려면 정보가 실시간으로 교류되어야 한다. 어마어마한 데이터들이 이동하는 시대가 열리고 있는 것이다.

다시 아메리칸타워 이야기로 돌아가서, 타워를 건립하는 과정을 한번 살펴보자. 우리나라는 국토가 좁고 인구밀도가 높아서 건물 옥상 등에 중계기를 설치할 수 있으나 전 세계적으로 볼 때 우리나라와 비슷한 나라는 거의 없다. 이 때문에 타워 설치가 필수다. 건물을 세운 다음 그 옥상에 중계기를 설치하는 것보다는 타워를 세우는 방법이 더 빠르고 비용이 적게 들 테니 말이다. 아메리칸타워의 경우, 대부분 토지를 매입해서 타워를 설치한다 (우리나라는 타워 자체가 많지 않아서 토지를 매입하지 않고 임대하는 경우가 많다). 그렇게 타워를 설치한 다음에는 기능이 업데이트되거나 추가될 때마다 이미 설치한 타워에 장착하는 방식이다.

따라서 수익성이 매우 높아질 수 있는 구조다.

토지를 매입하거나 타워를 설치하는 과정 등은 물류센터를 건립하는 일에 비하면 매우 용이한 편이다. 입지 선정 같은 경우도 물류센터보다는 좀 더 융통성이 있다. 그러나 통신 사업 자체가 독점적이므로 한두 개의 타워만 설치해서 수익을 내는 것은 거의 불가능하고, 수만 개에서 수십만 개의 타워를 설치해야만 수익을 낼 수 있다는 것을 고려할 때(아메리칸타워의 경우 전 세계 19개국에 약 18만 개의 타워를 임대하고 있다), 신규 사업자의 진입은 거의 불가능하다고 할 수 있다.

아메리칸타워는 그 이름에서 짐작할 수 있듯 매출에서 미국이 차지하는 비중이 크다. 하지만 전체적으로 보면 20%이기에 미국이 절대적인 것은 아니며, 나머지는 인도와 북아프리카, 남미와 같은 신흥국에 주로 분포되어 있고, 고객사는 AT&T, 버라이즌, 보다폰 등 글로벌 통신사들이다. 향후 미국 내에만 추가로 세워야 할 타워가 지금의 3배 이상으로 추정되기에, 앞으로의 성장성은 매우 밝다. 또한 기존에 임대계약 관계에 있는 통신사와도 향후 10년간 매년 3%씩 인상된 금액으로 임대료를 받기로 계약되어 있는 상태다. 매우 안정적인 데다 높은 성장성까지 갖춘 셈이다. 5G 확대로 인한 꾸준한 임대수익 상승까지 고려하면 매우 기대할 만하다.

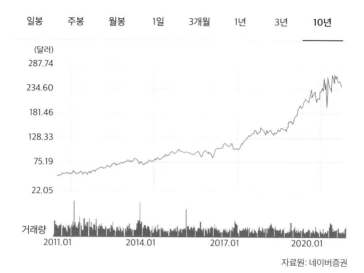

아메리칸타워의 10년간 주가 움직임

일봉	주봉	월봉	1일	3개월	1년	3년	**10년**

(달러)
287.74
234.60
181.46
128.33
75.19
22.05

거래량

2011.01   2014.01   2017.01   2020.01

자료원: 네이버증권

큰 변동성 없이 꾸준히 우상향했으며, 주가도 10년간 약 5배 정도 상승했다.

아메리콜드 americold

이름이 다소 우스꽝스럽긴 하지만, 알고 보면 대단한 리츠다. 냉동·냉장 창고를 가지고 있고, 이를 임대해 주는 저온물류 인프라 리츠다. 큰 범주에서 보면, 물류센터에 들어가기에 건립 과정이나 진입장벽 측면에서 프롤로지스와 비슷한데, 결론적으로 말하면 프롤로지스보다도 진입장벽은 더 높은 셈이다. 한 번만 생각해도 쉽게 알 수 있듯, 물건을 그냥 보관하는 것보다는 냉장 혹은 냉동 상태로 보관할 때 더 많은 기술이 필요하지 않겠는가? 게다가 이미 우리나라에서는 활성화되었지만, '새벽배송' 혹은

'로켓배송' 같은 이름으로 신선음식을 배송하는 일이 늘고 있고, 음식뿐 아니라 냉장과 빠른 배송이 필요한 의약품까지 집 앞으로 배송해 주는 일이 늘어남에 따라 성장성은 대단히 클 것으로 보인다. 결국 내용물에 따라 서로 다른 상태(냉장 혹은 냉동)로 보관할 필요가 증가할 텐데, 이와 관련된 노하우를 갖는다는 건 다소 어려운 일이다.

현재까지 아메리콜드는 식품생산회사의 원제품 보관 창고와 소비자에게 직접 배송될 물건 보관 창고에 각각 65%, 35% 비중으로 투자하고 있지만, 앞으로는 소비자에게 배송될 물건을 보관하는 곳에 투자하는 비중을 더욱 늘려갈 것으로 보인다. 코로나 이후 비대면은 물론, 위생에 대한 개념도 더욱 강화됨에 따라 건강하고 신선한 음식을 찾는 수요는 더욱 증가할 것이다. 이에 농장에서 바로 집으로 식재료를 직접 배송해 주는 시스템도 더욱 주목받게 될 텐데, 아메리콜드는 저온 창고뿐 아니라 냉동·냉장 시스템을 갖춘 운송 차량까지 운영하면서 소규모 농업 종사자까지 점점 고객으로 수용하고 있다.

2020년 10월 현재, 아메리콜드는 세계적으로 178개의 냉동 창고를 운영 중이다. 대부분은 미국에 있지만, 향후 선진국을 중심으로 냉동 창고에 대한 수요가 더욱 늘어날 것으로 보인다. 미국만 해도 소비자의 식탁까지 신선식품이 배달되는 건 우리나라와 마찬가지로 이제 막 시작된 것이나 다름없기에, 향후 폭발적인 성장이 기대된다. 글로벌 유일의 냉동·냉장 물류 리츠라는 점도 관심을 가져야 할 이유다.

아메리콜드의 3년간 주가 움직임

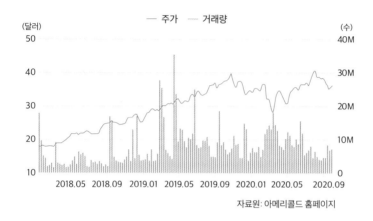

자료원: 아메리콜드 홈페이지

아메리콜드는 매우 기대되는 성장성을 가지고 있으나 역사가 짧다는 단점이 있다. 또 기대되는 성장성으로 인해 가격이 급등해서 반대급부적으로 가격조정을 받는 등 약간의 변동성도 보인다. 다만 리츠는 주식을 사는 것이 아니라 부동산을 사는 것이므로 부동산을 매수한다는 마인드로 접근한다면 문제가 없으리라고 본다.

코로나 이후, 대한민국 부동산

1판 1쇄 발행 2020년 12월 15일
1판 3쇄 발행 2021년 1월 7일

지은이 김원철

발행인 양원석 **편집장** 박나미
디자인 THIS COVER **영업마케팅** 조아라, 신예은, 김보미

펴낸 곳 ㈜알에이치코리아
주소 서울시 금천구 가산디지털2로 53, 20층(가산동, 한라시그마밸리)
편집문의 02-6443-8865 **도서문의** 02-6443-8800
홈페이지 http://rhk.co.kr
등록 2004년 1월 15일 제2-3726호

ⓒ김원철 2020, Printed in Seoul, Korea

ISBN 978-89-255-8943-5 (03320)

※ 이 책은 ㈜알에이치코리아가 저작권자와의 계약에 따라 발행한 것이므로
본사의 서면 허락 없이는 어떠한 형태나 수단으로도 이 책의 내용을 이용하지 못합니다.

※ 잘못된 책은 구입하신 서점에서 바꾸어 드립니다.

※ 책값은 뒤표지에 있습니다.

코로나 이후,
대한민국
부동산